Apresentação

O mundo da magia nunca para de evoluir, integrando conhecimentos tradicionais com novas abordagens que refletem as mudanças globais e as necessidades contemporâneas. A crescente valorização da ecologia profunda e do autocuidado holístico tem influenciado profundamente as artes mágicas, enquanto o uso de tecnologias e o resgate de saberes ancestrais se entrelaçam para criar uma magia cada vez mais acessível e personalizada.

Nesse contexto, o **Almanaque Wicca 2025** é um guia essencial para aqueles que buscam sintonizar suas práticas com as energias do ano. Iniciamos esta edição com as "Tabelas do Almanaque Wicca" e o "Calendário Wicca de Janeiro a Dezembro de 2025", que oferecem um panorama completo dos ciclos lunares e solares ao longo de todo o ano, além dos festivais wiccanos, e os incensos e cores mais propícios para cada dia.

O artigo "A Magia do Arco-Íris na sua Vida" explora como as cores podem ser usadas para equilibrar energias, enquanto "A Despensa da Bruxa" revela o poder oculto que existe nos ingredientes que usamos na cozinha. A relevância do autocuidado é destacada em "Farmácia Astrológica para Tempos Difíceis" e "Feitiços para Combater Marés de Azar", que nos fornecem ferramentas para superar desafios com a ajuda dos astros e feitiços simples, mas de eficácia comprovada. Fechamos esta edição com "Transforme Pequenos Movimentos em Grandes Mudanças", que mostra como pequenos gestos corporais podem gerar mudanças significativas na nossa vida e na nossa saúde.

Faça do **Almanaque Wicca 2025** o seu aliado mágico, para que ele possa guiar você ao longo do ano com sabedoria e inspiração.

Que 2025 seja um ano de muita magia e realizações!

Denise Rocha

Sumário

Tabelas do Almanaque Wicca

Nesta seção, você encontrará todas as tabelas sobre as influências mágicas para compreender e utilizar melhor o Calendário 2025 do *Almanaque Wicca*.

Mudanças de horário

Todos os horários e datas dos fenômenos astrológicos deste Almanaque e do Calendário têm como base o fuso horário da cidade de São Paulo (hora de Brasília). Se você mora numa região cujo fuso horário seja diferente, não se esqueça de fazer as devidas adaptações. Em 2025 não haverá horário de verão.

Festivais e datas comemorativas

As datas de alguns festivais mais conhecidos são mencionadas no Calendário ao longo de todo o ano. As datas dos chamados Sabás Menores (Yule, Ostara, Litha e Mabon) dependem do início das estações, por isso podem variar de ano para ano. No caso dos Sabás Maiores (Samhain, Imbolc, Beltane e Lammas), prevalecem as datas em que eles costumam ser celebrados, segundo a tradição. O Calendário menciona as datas de todos os festivais mais importantes, de acordo com o ciclo sazonal do Hemisfério Norte – indicado pela sigla (HN) – e do Hemisfério Sul – indicado pela sigla (HS). A decisão de celebrar os festivais de acordo com o ciclo sazonal do Hemisfério Norte ou do Hemisfério Sul fica a critério do leitor. Podemos celebrar qualquer um desses sabás com muita beleza e simplicidade, com uma refeição em família ou acendendo uma vela. Veja na tabela abaixo o significado de cada um dos festivais da Roda do Ano, as datas em que são celebrados em cada hemisfério.

Sabás	Datas	Significado	Alimentos e bebidas	Ervas e flores	Ornamentos para o altar
Samhain	31/10 (HN) 1º (HS)	Festival dos Mortos, época em que o Deus desce ao mundo subterrâneo e aguarda o momento de renascer. Ano-Novo das Bruxas	Suco de maçã com fibras, pão de abóbora, melão, moranga, milho, romãs	Artemísia, sálvia, crisântemos, cravos, losna alecrim, tomilho	Maçãs, fotos de entes queridos falecidos, folhas de outono, velas cor de laranja
Yule	21 ou 22/12 (HN) 21 ou 22/6 (HS)	Solstício de Inverno (HN), que marca o nascimento do Deus Sol, do ventre da Deusa	Gemada, chá com especiarias, pão com gengibre, bolos de frutas, biscoitos, frutas secas	Pinhas, azevinho, visgo, hera, cedro, louro, cravo-da-índia, alecrim, noz-moscada, canela, gengibre, mirra	Imagens solares, uma flor de bico-de-papagaio, sinos, pinhas
Imbolc	1º ou 2/2 (HN) 1º ou 2/8 (HS)	Época em que a Deusa se recupera do nascimento do Deus	Mel, passas, sopas, leite, queijo, iogurte	Salgueiro, menta, endro, junípero	Sempre-vivas, quartzo transparente, flores e velas brancas, leite
Ostara	20 ou 21/3 (HN) 22 ou 23/9 (HS)	Equinócio Vernal ou de Primavera, quando o Deus se aproxima da maturidade e a fertilidade está presente nas flores e na vida selvagem	Ovos, mel, pães doces, sementes de girassol, saladas de folhas	Narciso, madressilva, violeta, peônia, jasmim, gengibre	Estatuetas ou imagens da vida que renasce, como pintinhos, coelhinhos, filhotes em geral

Sabás	Datas	Significado	Alimentos e bebidas	Ervas e flores	Ornamentos para o altar
Beltane	30/4 e 1º/5 (HN) 31/10 e 1º/11 (HS)	União simbólica entre o Deus e a Deusa, que geram uma nova vida, dando continuidade ao ciclo	Cerejas, morangos, sorvete de baunilha, biscoitos de aveia	Prímula, rosa, bétula, lilás	Imagens de borboleta, símbolo da transformação; flores frescas perfumadas, fitas coloridas, símbolos de união
Litha	20 a 22/6 (HN) 20 a 22/12 (HS)	Solstício de Verão, quando o Deus está no seu apogeu, assim como o Sol. A Deusa está fecundada pelo Deus	Suco de limão, pêssegos, damascos, laranjas, frutas silvestres, melancia	Girassol, camomila, margaridas, menta, erva-doce, tomilho	Fadas, símbolos solares, espelho, fitas ou contas douradas, flores cor de laranja
Lammas	1º ou 2/8 (HN) 1º ou 2/2 (HS)	Início da colheita. Deus começa a perder a força, mas também está vivo no ventre da Deusa	Pão de milho, pão de centeio, bolachas integrais, sucos de frutas vermelhas	Grãos, flores de acácia, mirtilo, papoulas, sândalo, gengibre	Girassóis, milho, grãos, pipoca, sachês de ervas aromáticas
Mabon	22 ou 23/9 (HN) 20 ou 21/3 (HS)	Equinócio do Outono, quando o Deus está mais perto do véu que cobre o mundo subterrâneo e a Deusa lamenta sua perda	Pão de milho, nozes, uvas, cenouras, torta de maçãs	Pinhas, milefólio, canela, sálvia, anis, patchouli, avelã	Símbolo yin-yang, cascas de nozes, folhas de outono, bolotas de carvalho

Obs.: As datas dos equinócios e solstícios foram retiradas da Wikipedia.org.

Dias da semana, planetas, divindades e objetos simbólicos

Cada dia da semana é regido por um planeta, que exerce determinadas influências mágicas. Por tradição, cada dia da semana também é associado a determinados assuntos. Na tabela a seguir você vai encontrar, além do planeta regente de cada dia da semana e os assuntos relacionados a cada um desses planetas, o metal e o objeto simbólico de cada um deles.

	Segunda-feira	Terça-feira	Quarta-feira	Quinta-feira	Sexta-feira	Sábado	Domingo
Planeta	Lua	Marte	Mercúrio	Júpiter	Vênus	Saturno	Sol
Divindade	Selene, Néftis, Ártemis, Isis	Marte/ Ares, Tyr, Iansã, Kali	Mercúrio/ Hermes, Atena, Sarasvati, Odin	Thor, Jovis/ Júpiter, Rhiannon, Juno, Lakshmi	Vênus/ Afrodite, Angus, Parvati	Hécate, Nêmesis, Saturno	Brigid, Apolo, Lugh, Belisama
Associações	Fertilidade, aumento, trabalho com sonhos	Defesa, proteção, inspiração, superação de obstáculo, coragem, sexo, dança	Comunicação, aprendizado, estudo, provas e testes, questões jurídicas, viagens, ideias, memória, ciência	Generosidade, justiça natural, expansão, propriedades, testamentos, questões familiares	Amor, afeição, amizades, parceria, sedução, sexualidade, beleza, arte	Limites, ligação, exorcismo, disciplina, redução, proteção, desvio	Saúde, felicidade, contentamento, música, poesia
Metal	Prata	Ferro	Mercúrio	Estanho	Cobre	Chumbo	Ouro
Objeto simbólico	Caldeirão	Flecha	Cajado	Tambor	Rosa, estrela	Corrente, cordão	Disco

As estações e a magia

Cada estação carrega consigo uma energia diferente, em sintonia com os fluxos e refluxos da vida. Portanto, verifique a tabela abaixo e descubra qual a época mais propícia para fazer seus trabalhos espirituais e mágicos:

Primavera	Verão	Outono	Inverno
Inícios, novos projetos, purificação, limpeza, cultivo de jardim mágico, fertilidade, atrair amor, felicidade	Dinheiro, prosperidade, sucesso, força, coragem, magia do fogo, fortalecer o amor, fidelidade, cura física	Espiritualidade, agradecimento por bênçãos recebidas, banimento de negatividade, proteção, novas aquisições	Reflexão, meditação, cura emocional, divinação, consciência psíquica, descoberta de vidas passadas

Eclipses

O eclipse *solar* acontece durante a Lua Nova, quando esse astro passa exatamente entre a Terra e o Sol, cobrindo-o total ou parcialmente. O eclipse *lunar* acontece quando a Lua escurece ao passar pela sombra da Terra.

Do ponto de vista científico, existem três tipos de eclipse: o parcial, o total e o anular. O eclipse anular do Sol é um tipo especial de eclipse parcial. Durante um eclipse anular a Lua, passa em frente ao Sol, mas acaba por não cobrir completamente o disco da nossa estrela.

Muitas pessoas que praticam magia acreditam que o eclipse seja um sinal de mudança e possa representar um momento decisivo na nossa vida. *Comece o trabalho de magia dez minutos antes do eclipse e continue a trabalhar enquanto ele ocorre, até que tenha terminado. A chave é captar a energia do eclipse e puxar essa energia para o seu trabalho, enquanto o fenômeno estiver em curso.*

A data e o horário dos eclipses de 2025 estão indicados no Calendário e no quadro abaixo, "Sabás e Luas de 2025".

Fases da Lua

Um dos métodos mais conhecidos, comprovados e eficazes de obter bons resultados no mundo da magia consiste em sintonizar o feitiço ou ritual com a fase da Lua correspondente. As bruxas devem ter sempre à mão o calendário do *Almanaque Wicca*, com as fases lunares, para ficar a par dos ciclos desse astro. **A data e o horário em que a Lua entra em cada fase estão indicados no Calendário.**

Fase da Lua	Assuntos favorecidos
Nova	Novo emprego, projeto ou relacionamento, pôr em prática novas ideias, crescimento, expansão
Crescente	Desenvolvimento, prosperidade, compromissos, crescimento, acelerar projetos, aumentar a prosperidade
Cheia	Feitiços de amor, aumentar o poder, potencializar a magia
Minguante	Terminar relacionamentos, dissipar energias negativas, reflexão, combater vícios e situações indesejáveis, fazer renovações, eliminar maldições, combater ataques psíquicos

A Lua nos signos

A Lua se "move" continuamente pelo zodíaco, passando por todos os signos. Cada um deles exerce um tipo de influência sobre as pessoas e suas atividades. A tabela abaixo indica os melhores signos lunares para diferentes tipos de feitiço. **A data e o horário em que a Lua entra em cada signo estão indicados no Calendário.**

Tipo de feitiço	Áries	Touro	Gêmeos	Câncer	Leão	Virgem	Libra	Escorpião	Sagitário	Capricórnio	Aquário	Peixes
Amor/relacionamentos			☽	☽			☽				☽	☽
Cura/emoções			☽	☽			☽	☽			☽	☽
Prosperidade/aumento		☽			☽	☽			☽	☽		
Emprego/comércio			☽		☽				☽	☽	☽	
Amarração/banimento	☽			☽		☽		☽				
Proteção	☽	☽			☽				☽			
Fertilidade	☽	☽				☽		☽		☽		☽

Luas Fora de Curso

A Lua dá uma volta em torno da Terra a cada 28 dias, permanecendo em cada signo do zodíaco durante dois dias e meio, aproximadamente. Quando se aproxima dos últimos graus de um signo, ela acaba atingindo o planeta que está no grau mais elevado desse signo, formando com ele um aspecto final antes de deixar o signo. Esse é um aspecto lunar de grande importância na magia. Quando forma esse último aspecto com o planeta até o momento em que sai desse signo para entrar no próximo, dizem que a Lua está fora de curso. Isso dura apenas algumas horas, porém essas horas são de suma importância em toda ação humana e especialmente na prática da magia, já que durante esse período a Lua está sem direção e tudo o que se faça ou comece se revela muito mais imprevisível. Essa é uma das razões por que muitas magias são ineficazes.

Quando a Lua está nesse período não se deve começar nada novo, pois isso pode nunca chegar a se realizar. **As datas de início e final das Luas Fora de Curso do ano de 2025 estão indicadas no Calendário sob a sigla LFC (*L*ua *F*ora de *C*urso).**

Lua Negra

A fase lunar denominada Lua Negra acontece mensalmente, nos três dias que antecedem a Lua Nova. A Lua Negra facilita o acesso aos mundos e planos sutis e às profundezas de nossa psique. Por isso é considerada uma fase favorável para trabalhos de transformação e renovação. Ela tem o poder de criar e de destruir, de curar e de regenerar e de descobrir e fluir com o ritmo das mudanças e dos ciclos naturais, dependendo da capacidade individual em reconhecer e integrar sua sombra. É, portanto, um período favorável para rituais de cura, renovação e regeneração. Podemos citar também rituais de eliminação de uma maldição; a correção de uma disfunção, o afastamento dos obstáculos ou das dificuldades à realização afetiva ou profissional; a eliminação de resíduos energéticos negativos de pessoas, objetos e ambientes. **As Luas Negras de 2025 estão indicadas no Calendário.**

Lua Azul

A Lua Azul, a segunda Lua Cheia que ocorre no mesmo mês, é um fenômeno que se repete a cada dois anos e sete meses e é causado pela presença de treze lunações em um ano solar. É considerada um tempo mágico que abre portais de comunicação profunda com outras dimensões, energias, seres e planos sutis, tornando os rituais mais poderosos, as vivências mais abrangentes e os efeitos mágicos mais rápidos. Por isso é preciso ter muita cautela ao se escolher os objetivos e pedidos feitos nessa fase da Lua. **Não há Luas Azuis em 2025.**

Lua Rosa

Na Antiga Tradição, acreditava-se que determinadas **Luas cheias** tinham uma energia especial para realizar desejos, projetos ou aspirações. Essas Luas, chamadas "Lua Rosa dos Desejos" ou "Lua dos Pedidos", são os plenilúnios (Luas cheias) mais próximos dos quatro grandes sabás celtas: Samhain, em 31 de outubro; Imbolc, em 1º de fevereiro; Beltane, em 30 de abril; e Lughnassadh, em 1º de agosto – com um intervalo de três meses entre si. **As Luas Rosa de 2025 estão indicadas no Calendário e no quadro, "Sabás e Luas de 2025", abaixo.**

Lua Violeta

Menos conhecida e menos divulgada, a Lua Violeta acontece quando ocorrem **duas Luas novas** no mesmo mês. O período de três dias – que antecede a segunda Lua Nova – proporciona energias purificadoras e transmutadoras e, portanto, oferece as condições ideais para a introspecção e meditação ampla e profunda, bem como a reavaliação de valores, atitudes e objetivos. **Não há Luas Violeta em 2025.**

Lua Vermelha

Na Antiguidade, o ciclo menstrual da mulher seguia as fases da Lua com tanta precisão que a gestação era contada por luas. Com o passar do tempo, a mulher foi se distanciando dessa sintonia e perdendo o contato com o próprio ritmo do corpo, o que gerou vários desequilíbrios hormonais, emocionais e psíquicos. Para restabelecer essa sincronicidade natural, a mulher deve se reconectar à Lua, observando a relação entre as fases lunares e o seu ciclo menstrual.

Cores e incensos de cada dia da semana

No Calendário, são sugeridos para cada dia da semana cores e aromas de incensos, caso você queira usar velas e incensos nos seus encantamentos e rituais.

Sabás e Luas de 2025	
6 de janeiro	Lua Crescente às 20h57
13 de janeiro	Lua Cheia às 19h28
21 de janeiro	Lua Minguante às 17h32
29 de janeiro	Lua Nova às 9h37
1º de fevereiro	Imbolc (HN) Lammas (HS)
5 de fevereiro	Lua Crescente às 5h03
12 de fevereiro	Lua Cheia às 10h55 (Lua Rosa)
20 de fevereiro	Lua Minguante às 14h34
27 de fevereiro	Lua Nova às 21h46
6 de março	Lua Crescente às 13h33
14 de março	Lua Cheia às 3h56
14 de março	Eclipse total da Lua às 3h56
22 de março	Lua Minguante às 8h31
20 de março	Ostara – Equinócio de Primavera (HS) Mabon – Equinócio de Outono (HN)
29 de março	Lua Nova às 7h59
29 de março	Eclipse parcial do Sol às 7h59
4 de abril	Lua Crescente às 23h16
12 de abril	Lua Cheia às 21h23
20 de abril	Lua Minguante às 22h37
27 de abril	Lua Nova às 16h32
30 de abril	Beltane (HN) Samhain (HS)

Sabás e Luas de 2025	
4 de maio	Lua Crescente às 10h53
12 de maio	Lua Cheia às 13h57 (Lua Rosa)
20 de maio	Lua Minguante às 9h00
27 de maio	Lua Nova à 0h04
3 de junho	Lua Crescente à 0h42
11 de junho	Lua Cheia às 4h45
18 de junho	Lua Minguante às 16h20
20 de junho	Litha – Solstício de Verão (HN) Yule – Solstício de Inverno (HS)
25 de junho	Lua Nova às 7h33
2 de julho	Lua Crescente às 16h31
10 de julho	Lua Cheia às 17h38
17 de julho	Lua Minguante às 21h39
24 de julho	Lua Nova às 16h12
1º de agosto	Lammas (HN) Imbolc (HS) Lua Crescente às 9h42
9 de agosto	Lua Cheia às 4h56 (Lua Rosa)
16 de agosto	Lua Minguante às 2h13
23 de agosto	Lua Nova às 3h08
31 de agosto	Lua Crescente às 3h26
7 de setembro	Lua Cheia às 15h10 Eclipse total da Lua às 15h10
14 de setembro	Lua Minguante às 7h34

Sabás e Luas de 2025	
21 de setembro	Lua Nova às 16h55
21 de setembro	Eclipse parcial do Sol às 16h55
22 de setembro	Mabon – Equinócio de Outono (HN) Ostara – Equinócio de Primavera (HS)
29 de setembro	Lua Crescente às 20h55
7 de outubro	Lua Cheia à 0h49
13 de outubro	Lua Minguante às 15h14
21 de outubro	Lua Nova às 9h26
29 de outubro	Lua Crescente às 13h22
31 de outubro	Samhain (HN) Beltane (HS)
5 de novembro	Lua Cheia às 10h20 (Lua Rosa)
12 de novembro	Lua Minguante às 2h29
20 de novembro	Lua Nova às 3h48
28 de novembro	Lua Crescente às 4h00
2 de dezembro	Yule – Solstício de Inverno (HN) Litha – Solstício de Verão (HS)
4 de dezembro	Lua Cheia às 20h15
11 de dezembro	Lua Minguante às 17h53
19 de dezembro	Lua Nova às 22h44
27 de dezembro	Lua Crescente às 16h11

20
CALE

Início LFC = Início da Lua Fora de Curso
Final LFC = Término da Lua Fora de Curso

Janeiro de 2025

Janeiro é consagrado ao deus romano Janus, divindade pré-latina considerada deus do Sol e do dia. Janeiro é uma época cheia de possibilidades, mas ainda contém as restrições, lições e resquícios do ano anterior. Por isso é um período adequado para nos livrarmos do velho e ultrapassado, preparando planos e projetos para novas conquistas, mudanças e realizações. A pedra de janeiro é a granada.

1º/1 quarta-feira
Signo da Lua: Aquário às 7h51
Fase da Lua: Nova
Início LFC: 3h03
Final LFC: 7h51
Cor: Azul-marinho ☼ Incenso: Alfazema
Dia Mundial da Paz
Dia consagrado ao par divino Zeus e Hera
Festival romano de Strenia, com troca de presentes
Januálias

2/1 quinta-feira
Signo da Lua: Aquário
Fase da Lua: Nova
Cor: Verde ☼ Incenso: Sálvia
Advento de Ísis
Celebração das Nornes, deusas do destino

3/1 sexta-feira
Signo da Lua: Peixes às 12h22
Fase da Lua: Nova
Início LFC: 1h14
Final LFC: 12h22
Cor: Laranja ☼ Incenso: Arruda
Festival romano em honra de Pax, deusa da paz
Festival Lanaia em honra a Dioniso

4/1 sábado
Signo da Lua: Peixes
Fase da Lua: Nova
Cor: Cor-de-rosa ☼ Incenso: Hortênsias
Ritual coreano das Sete Estrelas

5/1 domingo
Signo da Lua: Áries às 16h02
Fase da Lua: Nova
Início LFC: 11h31
Final LFC: 16h02
Cor: Vermelho ☼ Incenso: Violetas
Festa de Bafana, na Itália, reminiscência da antiga celebração à deusa Befana, a Anciã, também chamada de La Vecchia ou La Strega

6/1 segunda-feira
Signo da Lua: Áries
Fase da Lua: Crescente às 20h57
Cor: Roxo ☼ Incenso: Jasmim
Dia de Morrigan, deusa tríplice celta
Epifania ou Dia de Reis

7/1 terça-feira
Signo da Lua: Touro às 19h12
Fase da Lua: Crescente
Início LFC: 18h17
Final LFC: 19h12
Cor: Verde ☀ Incenso: Manjericão
Dia da Liberdade de Cultos
Sekhmet, Ano-Novo Egípcio

8/1 quarta-feira
Signo da Lua: Touro
Fase da Lua: Crescente
Cor: Amarelo ☀ Incenso: Rosas
Ano-Novo dos Druidas
Festival de Justitia, em honra da deusa romana da justiça
Dia de Freia, deusa nórdica do amor, da fertilidade e da magia

9/1 quinta-feira
Signo da Lua: Gêmeos às 22h08
Fase da Lua: Crescente
Início LFC: 19h51
Final LFC: 22h08
Cor: Azul-marinho ☀ Incenso: Sálvia
Festa da Agonia, dedicada ao deus Janus, padroeiro do mês

10/1 sexta-feira
Signo da Lua: Gêmeos
Fase da Lua: Crescente
Cor: Marrom ☀ Incenso: Erva-cidreira
Início da Carmentália, festival dedicado à deusa Carmenta (até 15/1)

11/1 sábado
Signo da Lua: Gêmeos
Fase da Lua: Crescente
Início LFC: 21h05
Cor: Cinza ☀ Incenso: Alfazema
Dia de Frigga, deusa nórdica consorte do deus Odin

12/1 domingo
Signo da Lua: Câncer à 1h25
Fase da Lua: Crescente
Final LFC: 1h25
Cor: Lilás ☀ Incenso: Canela
Festival de Compitália, em honra dos Lares
Festival indiano de Sarasvati, deusa dos rios, das artes e do conhecimento

13/1 segunda-feira
Signo da Lua: Câncer
Fase da Lua: Cheia às 19h28
Cor: Preto ☀ Incenso: Laranja

14/1 terça-feira
Signo da Lua: Leão às 6h13
Fase da Lua: Cheia
Início LFC: 1h47
Final LFC: 6h13
Cor: Azul ☀ Incenso: Sândalo
Makara Sankranti, celebração hindu com banho no rio Ganges

15/1 quarta-feira
Signo da Lua: Leão
Fase da Lua: Cheia
Cor: Branco ☀ Incenso: Canela

16/1 quinta-feira
Signo da Lua: Virgem às 13h47
Fase da Lua: Cheia
Início LFC: 1h11
Final LFC: 13h47
Cor: Amarelo ☀ Incenso: Hortênsias

Festival da Concórdia, deusa romana das relações harmoniosas
Festival hindu de Ganesha, deus-elefante, filho da deusa Parvati

17/1 sexta-feira
Signo da Lua: Virgem
Fase da Lua: Cheia
Cor: Roxo ☀ Incenso: Canela
Festival celta das Macieiras
Dia de Felicitas, deusa romana da boa sorte e da felicidade
Dia da deusa grega Athena em seu aspecto guerreira

18/1 sábado
Signo da Lua: Virgem
Fase da Lua: Cheia
Início LFC: 23h02
Cor: Verde ☀ Incenso: Jasmim
Festival hindu ao deus e à deusa Surya, divindades solares regentes da luz

19/1 domingo
Signo da Lua: Libra à 0h34
Fase da Lua: Cheia
Final LFC: 0h34
O Sol entra em Aquário às 17h01
Cor: Vermelho ☀ Incenso: Arruda

20/1 segunda-feira
Signo da Lua: Libra
Fase da Lua: Cheia
Cor: Lilás ☀ Incenso: Rosas
Dia da Santa Inês ou Agnes, época da divinação pelo fogo

21/1 terça-feira
Signo da Lua: Escorpião às 13h21
Fase da Lua: Minguante às 17h32
Início LFC: 1h35
Final LFC: 13h21
Cor: Roxo ☀ Incenso: Lavanda
Celebração de Baba Yaga, nos países eslavos
Dia Mundial da Religião

22/1 quarta-feira
Signo da Lua: Escorpião
Fase da Lua: Minguante
Cor: Preto ☀ Incenso: Manjericão
Festival das Musas, honrando as deusas da poesia, da arte, da música e da dança

23/1 quinta-feira
Signo da Lua: Escorpião
Fase da Lua: Minguante
Início LFC: 21h04
Cor: Laranja ☀ Incenso: Alfazema
Celebração da deusa lunar egípcia Hathor, deusa da beleza, do amor e da arte

24/1 sexta-feira
Signo da Lua: Sagitário à 1h30
Fase da Lua: Minguante
Final LFC: 1h30
Cor: Cinza ☀ Incenso: Erva-cidreira

25/1 sábado
Signo da Lua: Sagitário
Fase da Lua: Minguante
Cor: Amarelo ☀ Incenso: Violetas

26/1 domingo
Signo da Lua: Capricórnio às 10h44
Fase da Lua: Minguante (Lua Negra)
Início LFC: 6h41
Final LFC: 10h44
Cor: Azul ☀ Incenso: Rosas

Celebração de Cernunnos, o deus celta da fertilidade, senhor dos animais e da vegetação

27/1 segunda-feira
Signo da Lua: Capricórnio
Fase da Lua: Minguante (Lua Negra)
Cor: Cor-de-rosa ☀ Incenso: Canela
Feriae Sementiva, festival romano em honra às deusas dos grãos e da colheita

28/1 terça-feira
Signo da Lua: Aquário às 16h33
Fase da Lua: Minguante (Lua Negra)
Início LFC: 12h50
Final LFC: 16h33
Cor: Marrom ☀ Incenso: Manjericão
Dia da deusa Pele, padroeira do Havaí, guardiã do fogo vulcânico

29/1 quarta-feira
Signo da Lua: Aquário
Fase da Lua: Nova às 9h37
Cor: Cor-de-rosa ☀ Incenso: Jasmim
Celebração de Concórdia, a deusa romana da paz e da harmonia domésticas
Ano Novo Chinês (Serpente)

30/1 quinta-feira
Signo da Lua: Peixes às 19h54
Fase da Lua: Nova
Início LFC: 8h30
Final LFC: 19h54
Cor: Lilás ☀ Incenso: Arruda
Festival da Paz, dedicado à deusa romana Pax
Celebração das deusas da cura Anceta e Angitia, cujas ervas sagradas e encantamentos curavam as febres e picadas de cobra
Festa de Nosso Senhor do Bonfim e de Nossa Senhora das Águas

31/1 sexta-feira
Signo da Lua: Peixes
Fase da Lua: Nova
Cor: Amarelo ☀ Incenso: Hortênsias
Véspera de Fevereiro, início do festival de Imbolc
Dia consagrado às Valquírias e às Parcas

Fevereiro de 2025

O nome deste mês deriva da deusa romana Fébrua, mãe de Marte. Fevereiro é um mês propício tanto para as reconfirmações do caminho espiritual quanto para as iniciações, dedicando a sua devoção a uma divindade com a qual você tenha afinidade. Na tradição Wicca, o sabá Imbolc, ou Candlemas, celebra a deusa tríplice Brighid, a Senhora do Fogo Criador, da Arte e da Magia. É uma data favorável às iniciações e renovações dos compromissos espirituais, bem como para purificações ritualísticas, práticas oraculares e cerimônias com fogo. A pedra de fevereiro é a ametista.

1º/2 sábado
Signo da Lua: Áries às 22h11
Fase da Lua: Nova
Início LFC: 19h07

Final LFC: 22h11
Cor: Branco ☼ Incenso: Alfazema
Festival da deusa celta Brighid
Véspera de Imbolc/Lammas

2/2 domingo
Signo da Lua: Áries
Fase da Lua: Nova
Cor: Cinza ☼ Incenso: Rosas
Festival de Juno Fébrua, a deusa que preside o mês de fevereiro
Festa de Iemanjá
Imbolc (HN)
Lammas (HS)

3/2 segunda-feira
Signo da Lua: Áries
Fase da Lua: Nova
Início LFC: 7h21
Cor: Azul-marinho ☼ Incenso: Jasmim

4/2 terça-feira
Signo da Lua: Touro à 0h35
Fase da Lua: Nova
Final LFC: 0h35
Cor: Vermelho ☼ Incenso: Sálvia

5/2 quarta-feira
Signo da Lua: Touro
Fase da Lua: Crescente às 5h03
Cor: Lilás ☼ Incenso: Hortênsias

6/2 quinta-feira
Signo da Lua: Gêmeos às 3h45
Fase da Lua: Crescente
Início LFC: 0h31
Final LFC: 3h45
Cor: Marrom ☼ Incenso: Erva-cidreira
Festival em honra de Afrodite, deusa grega do amor

7/2 sexta-feira
Signo da Lua: Gêmeos
Fase da Lua: Crescente
Cor: Amarelo ☼ Incenso: Arruda

8/2 sábado
Signo da Lua: Câncer às 8h05
Fase da Lua: Crescente
Início LFC: 4h53
Final LFC: 8h05
Cor: Azul ☼ Incenso: Sândalo

9/2 domingo
Signo da Lua: Câncer
Fase da Lua: Crescente
Cor: Roxo ☼ Incenso: Laranja
Dia de Apolo, a divindade do Sol

10/2 segunda-feira
Signo da Lua: Leão às 14h02
Fase da Lua: Crescente
Início LFC: 10h51
Final LFC: 14h02
Cor: Preto ☼ Incenso: Manjericão

11/2 terça-feira
Signo da Lua: Leão
Fase da Lua: Crescente
Cor: Branco ☼ Incenso: Hortênsias

12/2 quarta-feira
Signo da Lua: Virgem às 22h08
Fase da Lua: Cheia às 10h55 (Lua Rosa)
Início LFC: 16h13
Final LFC: 22h08
Cor: Verde ☼ Incenso: Alfazema
Dia consagrado às deusas da caça, Ártemis e Diana

13/2 quinta-feira
Signo da Lua: Virgem
Fase da Lua: Cheia
Cor: Azul-marinho ☼ Incenso: Canela
Parentálias, festival romano em honra dos mortos (até 28/2)

14/2 sexta-feira
Signo da Lua: Virgem
Fase da Lua: Cheia
Cor: Roxo ☼ Incenso: Jasmim
Dia de São Valentim, festival do amor, também dedicado a Juno Fébrua

15/2 sábado
Signo da Lua: Libra às 8h46
Fase da Lua: Cheia
Início LFC: 5h37
Final LFC: 8h46
Cor: Amarelo ☼ Incenso: Erva-cidreira
Lupercais, festival romano em honra do deus Pã

16/2 domingo
Signo da Lua: Libra
Fase da Lua: Cheia
Cor: Lilás ☼ Incenso: Sândalo
Faunálias, festas romanas em honra dos faunos

17/2 segunda-feira
Signo da Lua: Escorpião às 21h20
Fase da Lua: Cheia
Início LFC: 20h25
Final LFC: 21h20
Cor: Preto ☼ Incenso: Laranja
Dia da deusa Kali na Índia

18/2 terça-feira
Signo da Lua: Escorpião
Fase da Lua: Cheia
Cor: Cor-de-rosa ☼ Incenso: Manjericão
O Sol entra em Peixes às 7h08

19/2 quarta-feira
Signo da Lua: Escorpião
Fase da Lua: Cheia
Cor: Cinza ☼ Incenso: Violetas

20/2 quinta-feira
Signo da Lua: Sagitário às 9h56
Fase da Lua: Minguante às 14h34
Início LFC: 7h07
Final LFC: 9h56
Cor: Verde ☼ Incenso: Dama-da-noite

21/2 sexta-feira
Signo da Lua: Sagitário
Fase da Lua: Minguante
Cor: Laranja ☼ Incenso: Sálvia
Ferálias, festas romanas em honra dos deuses Manes, espíritos dos mortos

22/2 sábado
Signo da Lua: Capricórnio às 20h10
Fase da Lua: Minguante
Início LFC: 17h40
Final LFC: 20h10
Cor: Azul-marinho ☼ Incenso: Alfazema
Festival romano da deusa Concórdia
Festival das Lanternas

23/2 domingo
Signo da Lua: Capricórnio
Fase da Lua: Minguante

Cor: Roxo ☼ Incenso: Arruda
Terminálias, festival romano em honra de Termo, deus das fronteiras

24/2 segunda-feira
Signo da Lua: Capricórnio
Fase da Lua: Minguante (Lua Negra)
Cor: Vermelho ☼ Incenso: Erva-cidreira

25/2 terça-feira
Signo da Lua: Aquário às 2h41
Fase da Lua: Minguante (Lua Negra)
Início LFC: 0h29
Final LFC: 2h41
Cor: Lilás ☼ Incenso: Jasmim

26/2 quarta-feira
Signo da Lua: Aquário
Fase da Lua: Minguante (Lua Negra)
Início LFC: 19h06
Cor: Verde ☼ Incenso: Arruda

27/2 quinta-feira
Signo da Lua: Peixes às 5h48
Fase da Lua: Nova às 21h46
Final LFC: 5h48
Cor: Vermelho ☼ Incenso: Canela
Dia da Anciã

28/2 sexta-feira
Signo da Lua: Peixes
Fase da Lua: Nova
Cor: Marrom ☼ Incenso: Rosas

Março de 2025

O mês de março é consagrado ao deus romano da guerra, Marte, contraparte do grego Ares. Para os romanos este mês representava o início do Ano-Novo, começando no Equinócio de Primavera, em torno do dia 21, data mantida até hoje como o início do Ano Zodiacal. A pedra natal de março é o jaspe sanguíneo ou heliotrópio.

1º/3 sábado
Signo da Lua: Áries às 6h53
Fase da Lua: Nova
Início LFC: 5h06
Final LFC: 6h53
Cor: Preto ☼ Incenso: Dama-da-noite
Matronálias, festas romanas em homenagem à maternidade de Juno, protetora dos casamentos
Dia em que as vestais alimentavam o fogo sagrado, anunciando o Ano-Novo Romano

2/3 domingo
Signo da Lua: Áries
Fase da Lua: Nova
Início LFC: 10h53
Cor: Branco ☼ Incenso: Violetas
Dia consagrado a Ceadda, deusa das fontes e poços sagrados

3/3 segunda-feira
Signo da Lua: Touro às 7h38
Fase da Lua: Nova
Final LFC: 7h38

Cor: Cor-de-rosa ☼ Incenso: Laranja
Isidis Navigatum, bênção egípcia das frotas

4/3 terça-feira
Signo da Lua: Touro
Fase da Lua: Nova
Cor: Roxo ☼ Incenso: Alfazema
Festival celta em honra a Rhiannon, deusa donzela, relacionada à deusa Perséfone

5/3 quarta-feira
Signo da Lua: Gêmeos às 9h30
Fase da Lua: Nova
Início LFC: 7h55
Final LFC: 9h30
Cor: Azul ☼ Incenso: Hortênsias
Quarta-feira de Cinzas

6/3 quinta-feira
Signo da Lua: Gêmeos
Fase da Lua: Crescente às 13h33
Cor: Laranja ☼ Incenso: Rosas

7/3 sexta-feira
Signo da Lua: Câncer às 13h30
Fase da Lua: Crescente
Início LFC: 11h58
Final LFC: 13h30
Cor: Verde ☼ Incenso: Jasmim

8/3 sábado
Signo da Lua: Câncer
Fase da Lua: Crescente
Cor: Cinza ☼ Incenso: Canela
Dia Internacional da Mulher
Cinzas

9/3 domingo
Signo da Lua: Leão às 20h00
Fase da Lua: Crescente
Início LFC: 18h33
Final LFC: 20h00
Cor: Branco ☼ Incenso: Manjericão

10/3 segunda-feira
Signo da Lua: Leão
Fase da Lua: Crescente
Cor: Vermelho ☼ Incenso: Alfazema

11/3 terça-feira
Signo da Lua: Leão
Fase da Lua: Crescente
Início LFC: 17h17
Cor: Amarelo ☼ Incenso: Sândalo

12/3 quarta-feira
Signo da Lua: Virgem às 4h57
Fase da Lua: Crescente
Final LFC: 4h57
Cor: Laranja ☼ Incenso: Violetas
Festa de Marduk, deus supremo da Babilônia
Dia do Martírio de Hipátia, conhecida como a Pagã Divina

13/3 quinta-feira
Signo da Lua: Virgem
Fase da Lua: Crescente
Cor: Cor-de-rosa ☼ Incenso: Hortênsias
Dia da Sorte na Wicca

14/3 sexta-feira
Signo da Lua: Libra às 16h00
Fase da Lua: Cheia às 3h56
Eclipse total da Lua às 3h56
Início LFC: 14h49
Final LFC: 16h00
Cor: Marrom ☼ Incenso: Jasmim
Dia de Ua Zit, deusa-serpente egípcia

15/3 sábado
Signo da Lua: Libra
Fase da Lua: Cheia
Cor: Vermelho ☼ Incenso: Sálvia
Festival romano em honra de Ana Perena, deusa dos anos
Festival em honra de Átis e Cibele
Dia sagrado de Reia, deusa grega da terra, mãe de Zeus e um aspecto da Grande Mãe

16/3 domingo
Signo da Lua: Libra
Fase da Lua: Cheia
Início LFC: 6h54
Cor: Azul-marinho ☼ Incenso: Dama-da-noite
Festival do deus grego Dioniso, deus do vinho
Dia dedicado a Morgan Le Fay

17/3 segunda-feira
Signo da Lua: Escorpião às 4h32
Fase da Lua: Cheia
Final LFC: 4h32
Cor: Branco ☼ Incenso: Canela
Liberálias, festas romanas em honra de Líber, deus da fecundidade

18/3 terça-feira
Signo da Lua: Escorpião
Fase da Lua: Cheia
Cor: Lilás ☼ Incenso: Violetas

19/3 quarta-feira
Signo da Lua: Sagitário às 17h18
Fase da Lua: Cheia
Início LFC: 16h29
Final LFC: 17h18
Cor: Cinza ☼ Incenso: Lavanda
Quinquátrias, festas romanas em honra de Minerva, deusa que personificava o pensamento (até 23/3)
A véspera do equinócio é um dos festivais da deusa grega Atenas

20/3 quinta-feira
Signo da Lua: Sagitário
Fase da Lua: Cheia
Início do Outono às 6h03
O Sol entra em Áries às 6h03
Cor: Azul ☼ Incenso: Arruda
Ostara – Equinócio de Primavera (HN)
Mabon – Equinócio de Outono (HS)

21/3 sexta-feira
Signo da Lua: Sagitário
Fase da Lua: Cheia
Cor: Cor-de-rosa ☼ Incenso: Rosas

22/3 sábado
Signo da Lua: Capricórnio às 4h30
Fase da Lua: Minguante às 8h31
Início LFC: 3h54
Final LFC: 4h30
Cor: Preto ☼ Incenso: Sálvia

23/3 domingo
Signo da Lua: Capricórnio
Fase da Lua: Minguante
Cor: Laranja ☼ Incenso: Laranja

24/3 segunda-feira
Signo da Lua: Aquário às 12h26
Fase da Lua: Minguante
Início LFC: 12h02
Final LFC: 12h26
Cor: Cinza ☼ Incenso: Dama-da-noite

Dia da deusa guardiã Albion ou Britânia (Grã-Bretanha)

25/3 terça-feira
Signo da Lua: Aquário
Fase da Lua: Minguante
Cor: Branco ☼ Incenso: Lavanda
Hilárias, festas romanas em honra de Cibele

26/3 quarta-feira
Signo da Lua: Peixes às 16h33
Fase da Lua: Minguante (Lua Negra)
Início LFC: 7h16
Final LFC: 16h33
Cor: Amarelo ☼ Incenso: Rosas

27/3 quinta-feira
Signo da Lua: Peixes
Fase da Lua: Minguante (Lua Negra)
Cor: Roxo ☼ Incenso: Sândalo

28/3 sexta-feira
Signo da Lua: Áries às 17h37
Fase da Lua: Minguante (Lua Negra)
Início LFC: 17h31
Final LFC: 17h37
Cor: Vermelho ☼ Incenso: Hortênsias
Antiga data do nascimento de Jesus

29/3 sábado
Signo da Lua: Áries
Fase da Lua: Nova às 7h59
Eclipse parcial do Sol às 7h59
Cor: Marrom ☼ Incenso: Jasmim
Festival da deusa egípcia Ishtar

30/3 domingo
Signo da Lua: Touro às 17h17
Fase da Lua: Nova
Início LFC: 6h19
Final LFC: 17h17
Cor: Verde ☼ Incenso: Manjericão
Festival de Luna, deusa romana da Lua

31/3 segunda-feira
Signo da Lua: Touro
Fase da Lua: Nova
Cor: Lilás ☼ Incenso: Canela

Abril de 2025

O nome do mês de abril deriva da deusa grega Afrodite (a Vênus romana). O nome anglo-saxão deste mês era Easter Monath, que até hoje é mantido na palavra "Easter" (Páscoa). Reverenciava-se a deusa da primavera e da fertilidade, Eostre. A última noite deste mês é uma data muito importante na tradição Wicca: celebra-se o sabá Beltaine, reencenando o casamento sagrado da deusa da terra com o deus da vegetação. A pedra natal de abril é o diamante.

1º/4 terça-feira
Signo da Lua: Gêmeos às 17h27
Fase da Lua: Nova
Início LFC: 14h44

Final LFC: 17h27
Cor: Laranja ☼ Incenso: Alfazema
Venerálias, festival romano em honra de Vênus, deusa da beleza e do amor

2/4 quarta-feira
Signo da Lua: Gêmeos
Fase da Lua: Nova
Cor: Verde ☼ Incenso: Sálvia
Festival de Cibele, a Grande Mãe

3/4 quinta-feira
Signo da Lua: Câncer às 19h51
Fase da Lua: Nova
Início LFC: 15h28
Final LFC: 19h51
Cor: Cor-de-rosa e lilás ☼ Incenso: Arruda

4/4 sexta-feira
Signo da Lua: Câncer
Fase da Lua: Crescente às 23h16
Cor: Roxo ☼ Incenso: Erva-cidreira
Megalésias, festas romanas em honra de Cibele, a Mãe dos Deuses

5/4 sábado
Signo da Lua: Câncer
Fase da Lua: Crescente
Início LFC: 19h56
Cor: Vermelho ☼ Incenso: Jasmim
Festival chinês em honra de Kuan Yin, deusa da cura

6/4 domingo
Signo da Lua: Leão à 1h35
Fase da Lua: Crescente
Final LFC: 1h35
Cor: Roxo ☼ Incenso: Violetas

7/4 segunda-feira
Signo da Lua: Leão
Fase da Lua: Crescente
Cor: Amarelo ☼ Incenso: Manjericão
Dia Mundial da Saúde

8/4 terça-feira
Signo da Lua: Virgem às 10h41
Fase da Lua: Crescente
Início LFC: 1h09
Final LFC: 10h41
Cor: Azul-marinho ☼ Incenso: Rosas

9/4 quarta-feira
Signo da Lua: Virgem
Fase da Lua: Crescente
Cor: Marrom ☼ Incenso: Canela

10/4 quinta-feira
Signo da Lua: Libra às 22h13
Fase da Lua: Crescente
Início LFC: 16h50
Final LFC: 22h13
Cor: Cinza ☼ Incenso: Laranja
Dança do Sol no druidismo

11/4 sexta-feira
Signo da Lua: Libra
Fase da Lua: Crescente
Cor: Lilás ☼ Incenso: Erva-cidreira

12/4 sábado
Signo da Lua: Libra
Fase da Lua: Cheia às 21h23
Cor: Preto ☼ Incenso: Sândalo

13/4 domingo
Signo da Lua: Escorpião às 10h55
Fase da Lua: Cheia

Início LFC: 7h02
Final LFC: 10h55
Cor: Azul ☼ Incenso: Hortênsias
Festival de primavera de Libertas, a deusa romana da Liberdade
Cereálias, festival romano em homenagem a Ceres, deusa da Terra e seus frutos

14/4 segunda-feira
Signo da Lua: Escorpião
Fase da Lua: Cheia
Cor: Vermelho ☼ Incenso: Arruda

15/4 terça-feira
Signo da Lua: Sagitário às 23h38
Fase da Lua: Cheia
Início LFC: 23h25
Final LFC: 23h38
Cor: Roxo ☼ Incenso: Jasmim
Fordicálias, festas romanas em honra de Tellus, a personificação da Terra

16/4 quarta-feira
Signo da Lua: Sagitário
Fase da Lua: Cheia
Cor: Amarelo ☼ Incenso: Lavanda
Festival em honra do deus grego Apolo
Antigo festival a deusa Tellus, muitas vezes chamada Tellus Mater, a Mãe Terra

17/4 quinta-feira
Signo da Lua: Sagitário
Fase da Lua: Cheia
Cor: Verde ☼ Incenso: Jasmim

18/4 sexta-feira
Signo da Lua: Capricórnio às 11h13
Fase da Lua: Cheia
Início LFC: 8h39
Final LFC: 11h13
Cor: Roxo ☼ Incenso: Erva-cidreira
Sexta-feira Santa

19/4 sábado
Signo da Lua: Capricórnio
Fase da Lua: Cheia
O Sol entra em Touro às 16h57
Cor: Cinza ☼ Incenso: Dama-da-noite

20/4 domingo
Signo da Lua: Aquário às 20h23
Fase da Lua: Minguante às 22h37
Início LFC: 14h22
Final LFC: 20h23
Cor: Preto ☼ Incenso: Canela
Páscoa

21/4 segunda-feira
Signo da Lua: Aquário
Fase da Lua: Minguante
Cor: Laranja ☼ Incenso: Rosas
Parílias, festas romanas em honra de Pales, deusa dos pastores e das pastagens
Tiradentes

22/4 terça-feira
Signo da Lua: Aquário
Fase da Lua: Minguante
Início LFC: 18h57
Cor: Marrom ☼ Incenso: Manjericão
Dia da Terra

23/4 quarta-feira
Signo da Lua: Peixes às 2h08
Fase da Lua: Minguante
Final LFC: 2h08
Cor: Cor-de-rosa ☼ Incenso: Hortênsias
Vinálias, festas romanas em honra de Júpiter
Dia de São Jorge

24/4 quinta-feira
Signo da Lua: Peixes
Fase da Lua: Minguante (Lua Negra)
Início LFC: 23h58
Cor: Branco ☀ Incenso: Jasmim
Véspera do Dia de São Marcos, uma das noites tradicionais para se adivinhar o futuro

25/4 sexta-feira
Signo da Lua: Áries às 4h25
Fase da Lua: Minguante (Lua Negra)
Final LFC: 4h25
Cor: Verde ☀ Incenso: Laranja
Robigálias, festas romanas em honra de Robigo, deus dos trigais

26/4 sábado
Signo da Lua: Áries
Fase da Lua: Minguante (Lua Negra)
Início LFC: 13h19
Cor: Cinza ☀ Incenso: Sálvia

27/4 domingo
Signo da Lua: Touro às 4h18
Fase da Lua: Nova às 16h32
Final LFC: 4h18
Cor: Amarelo ☀ Incenso: Dama-da-noite

28/4 segunda-feira
Signo da Lua: Touro
Fase da Lua: Nova
Cor: Azul ☀ Incenso: Lavanda
Florálias, festas romanas em honra de Flora, deusa da primavera e dos prazeres da juventude

29/4 terça-feira
Signo da Lua: Gêmeos às 3h36
Fase da Lua: Nova
Início LFC: 2h19
Final LFC: 3h36
Cor: Roxo ☀ Incenso: Alfazema

30/4 quarta-feira
Signo da Lua: Gêmeos
Fase da Lua: Nova
Cor: Marrom ☀ Incenso: Violetas
Beltane – Véspera de maio (HN)
Samhain (HS)

Maio de 2025

Maio, o mês dos casamentos, tem esse nome graças à deusa Maia, uma das Sete Irmãs Gregas (As Plêiades) e mãe de Hermes. Maio é o mês tradicional das festas e dos jogos de amor. O Dia de Maio é um dos mais importantes do ano. Ele recebe muitos nomes diferentes, um deles é La Beltaine. Beltane e a sexta estação do ano, da união mística. Por tradição, maio é o mês do surgimento da Deusa Mãe na Terra, seja na forma das Deusas da Wicca, de Mãe Maria e de várias deusas de outras religiões. Ela também é a representante do arquétipo da Mãe. A esmeralda é a pedra natal de maio.

1º/5 quinta-feira
Signo da Lua: Câncer às 4h24
Fase da Lua: Nova
Início LFC: 0h50

25
ÁRIO

Final LFC: 4h24
Cor: Preto ☀ Incenso: Erva-cidreira
Festival de Belenus, deus celta do fogo e do Sol
Festa romana a Fauna, deusa da fertilidade
Dia do Trabalho
Dia de Maio

2/5 sexta-feira
Signo da Lua: Câncer
Fase da Lua: Nova
Cor: Verde ☀ Incenso: Sálvia

3/5 sábado
Signo da Lua: Leão às 8h30
Fase da Lua: Nova
Início LFC: 5h03
Final LFC: 8h30
Cor: Amarelo ☀ Incenso: Sândalo

4/5 domingo
Signo da Lua: Leão
Fase da Lua: Crescente às 10h53
Cor: Roxo ☀ Incenso: Violetas

5/5 segunda-feira
Signo da Lua: Virgem às 16h41
Fase da Lua: Crescente
Início LFC: 10h05
Final LFC: 16h41
Cor: Branco ☀ Incenso: Alfazema

6/5 terça-feira
Signo da Lua: Virgem
Fase da Lua: Crescente
Cor: Cinza ☀ Incenso: Arruda

7/5 quarta-feira
Signo da Lua: Virgem
Fase da Lua: Crescente
Cor: Lilás ☀ Incenso: Dama-da-noite

8/5 quinta-feira
Signo da Lua: Libra às 4h07
Fase da Lua: Crescente
Início LFC: 1h12
Final LFC: 4h07
Cor: Azul ☀ Incenso: Sândalo
Festival da Mente, deusa romana da inteligência e da espirituosidade

9/5 sexta-feira
Signo da Lua: Libra
Fase da Lua: Crescente
Cor: Laranja ☀ Incenso: Canela
Lemúrias, festas romanas para afastar os Lêmures, maus espíritos, celebradas também nos dias 11 e 13 de maio

10/5 sábado
Signo da Lua: Escorpião às 16h59
Fase da Lua: Crescente
Início LFC: 3h19
Final LFC: 16h59
Cor: Cor-de-rosa ☀ Incenso: Manjericão

11/5 domingo
Signo da Lua: Escorpião
Fase da Lua: Crescente
Cor: Roxo ☀ Incenso: Laranja
Dia das Mães

12/5 segunda-feira
Signo da Lua: Escorpião
Fase da Lua: Cheia às 13h57 (Lua Rosa)
Cor: Amarelo ☀ Incenso: Rosas

13/5 terça-feira
Signo da Lua: Sagitário às 5h36
Fase da Lua: Cheia
Início LFC: 3h38
Final LFC: 5h36
Cor: Verde ☼ Incenso: Erva-cidreira

14/5 quarta-feira
Signo da Lua: Sagitário
Fase da Lua: Cheia
Cor: Preto ☼ Incenso: Sálvia

15/5 quinta-feira
Signo da Lua: Capricórnio às 16h59
Fase da Lua: Cheia
Início LFC: 15h30
Final LFC: 16h59
Cor: Branco ☼ Incenso: Manjericão
Mercuriais, festas romanas em honra de Mercúrio, deus do comércio

16/5 sexta-feira
Signo da Lua: Capricórnio
Fase da Lua: Cheia
Cor: Vermelho ☼ Incenso: Jasmim

17/5 sábado
Signo da Lua: Capricórnio
Fase da Lua: Cheia
Cor: Marrom ☼ Incenso: Lavanda
Festival de Dea Dia, a deusa em seu aspecto cosmos, mãe de todos nós

18/5 domingo
Signo da Lua: Aquário às 2h31
Fase da Lua: Cheia
Início LFC: 1h28
Final LFC: 2h31
Cor: Azul-marinho ☼ Incenso: Violetas
Dia consagrado a Apolo, deus greco-romano da música, da poesia, da divinação e da luz do sol

19/5 segunda-feira
Signo da Lua: Aquário
Fase da Lua: Cheia
Cor: Cor-de-rosa ☼ Incenso: Canela

20/5 terça-feira
Signo da Lua: Peixes às 9h30
Fase da Lua: Minguante às 9h00
Início LFC: 9h00
Final LFC: 9h30
O Sol entra em Gêmeos às 15h56
Cor: Lilás ☼ Incenso: Dama-da-noite
Dia de Atenas na Grécia

21/5 quarta-feira
Signo da Lua: Peixes
Fase da Lua: Minguante
Cor: Laranja ☼ Incenso: Jasmim
Celebração da deusa celta Maeve, deusa da sabedoria da terra

22/5 quinta-feira
Signo da Lua: Áries às 13h27
Fase da Lua: Minguante
Início LFC: 13h08
Final LFC: 13h27
Cor: Verde ☼ Incenso: Canela

23/5 sexta-feira
Signo da Lua: Áries
Fase da Lua: Minguante
Cor: Branco ☼ Incenso: Jasmim
Festival das Rosas, em homenagem à deusa romana Flora

24/5 sábado
Signo da Lua: Touro às 14h39
Fase da Lua: Minguante
Início LFC: 8h45
Final LFC: 14h39
Cor: Azul ☀ Incenso: Alfazema

25/5 domingo
Signo da Lua: Touro
Fase da Lua: Minguante
Cor: Amarelo ☀ Incenso: Sálvia

26/5 segunda-feira
Signo da Lua: Gêmeos às 14h23
Fase da Lua: Minguante
Início LFC: 10h53
Final LFC: 14h23
Cor: Cinza ☀ Incenso: Hortênsias

27/5 terça-feira
Signo da Lua: Gêmeos
Fase da Lua: Nova à 0h04
Cor: Preto ☀ Incenso: Rosas

28/5 quarta-feira
Signo da Lua: Câncer às 14h34
Fase da Lua: Nova
Início LFC: 10h02
Final LFC: 14h34
Cor: Marrom ☀ Incenso: Laranja

29/5 quinta-feira
Signo da Lua: Câncer
Fase da Lua: Nova
Cor: Verde ☀ Incenso: Manjericão

30/5 sexta-feira
Signo da Lua: Leão às 17h18
Fase da Lua: Nova
Início LFC: 13h52
Final LFC: 17h18
Cor: Laranja ☀ Incenso: Dama-da-noite
Corpus Christi

31/5 sábado
Signo da Lua: Leão
Fase da Lua: Nova
Cor: Roxo ☀ Incenso: Sândalo
Selistérnio romano, festival de Ísis como Stella Maris (Estrela do Mar)

Junho de 2025

O nome do mês de junho deriva da grande Deusa Mãe dos romanos, Juno, a Hera grega. Como Juno é a guardiã divina do sexo feminino, o mês de junho é muito favorável para casamentos. Em 21 de junho ou nas proximidades dessa data é o Solstício de Verão, o festival do Meio de Verão, o anglo-saxão Litha. Os povos europeus celebravam o Solstício de Verão com vários rituais, encantamentos, práticas oraculares, festas, danças e feiras. A pedra natal de junho é a ágata.

1º/6 domingo
Signo da Lua: Leão
Fase da Lua: Nova
Início LFC: 20h39

Cor: Lilás ☀ Incenso: Erva-cidreira
Festival consagrado a Carna, a deusa romana das portas e fechaduras, protetora da vida familiar.
Festa romana de Juno Moneta

2/6 segunda-feira
Signo da Lua: Virgem à 0h01
Fase da Lua: Nova
Final LFC: 0h01
Cor: Cinza ☀ Incenso: Sândalo
Dia consagrado à Mãe Terra, em seu aspecto fértil

3/6 terça-feira
Signo da Lua: Virgem
Fase da Lua: Crescente à 0h42
Cor: Cor-de-rosa ☀ Incenso: Arruda
Belonárias, festas romanas em honra de Belona, deusa da guerra

4/6 quarta-feira
Signo da Lua: Libra às 10h39
Fase da Lua: Crescente
Início LFC: 8h13
Final LFC: 10h39
Cor: Verde ☀ Incenso: Rosas

5/6 quinta-feira
Signo da Lua: Libra
Fase da Lua: Crescente
Cor: Roxo ☀ Incenso: Manjericão

6/6 sexta-feira
Signo da Lua: Escorpião às 23h24
Fase da Lua: Crescente
Início LFC: 22h06
Final LFC: 23h24
Cor: Laranja ☀ Incenso: Hortênsias

7/6 sábado
Signo da Lua: Escorpião
Fase da Lua: Crescente
Cor: Branco ☀ Incenso: Canela
Vestálias, festas romanas em honra de Vesta, deusa do fogo doméstico

8/6 domingo
Signo da Lua: Escorpião
Fase da Lua: Crescente
Cor: Amarelo ☀ Incenso: Jasmim
Festival romano da consciência, personificado pela deusa Mens, a mente

9/6 segunda-feira
Signo da Lua: Sagitário às 11h57
Fase da Lua: Crescente
Início LFC: 9h08
Final LFC: 11h57
Cor: Laranja ☀ Incenso: Dama-da-noite

10/6 terça-feira
Signo da Lua: Sagitário
Fase da Lua: Crescente
Cor: Azul ☀ Incenso: Alfazema

11/6 quarta-feira
Signo da Lua: Capricórnio às 22h56
Fase da Lua: Cheia às 4h45
Início LFC: 16h59
Final LFC: 22h56
Cor: Cinza ☀ Incenso: Rosas
Matrálias, festas romanas em honra de Matuta, padroeira das tias

12/6 quinta-feira
Signo da Lua: Capricórnio
Fase da Lua: Cheia
Cor: Verde ☀ Incenso: Arruda

Véspera de Santo Antônio, dia tradicional das simpatias de amor
Dia dos Namorados

13/6 sexta-feira
Signo da Lua: Capricórnio
Fase da Lua: Cheia
Cor: Lilás ☀ Incenso: Dama-da-noite
Dia de Santo Antônio

14/6 sábado
Signo da Lua: Aquário às 8h01
Fase da Lua: Cheia
Início LFC: 5h53
Final LFC: 8h01
Cor: Preto ☀ Incenso: Lavanda

15/6 domingo
Signo da Lua: Aquário
Fase da Lua: Cheia
Cor: Azul-marinho ☀ Incenso: Jasmim

16/6 segunda-feira
Signo da Lua: Peixes às 15h10
Fase da Lua: Cheia
Início LFC: 14h32
Final LFC: 15h10
Cor: Vermelho ☀ Incenso: Violetas

17/6 terça-feira
Signo da Lua: Peixes
Fase da Lua: Cheia
Cor: Cor-de-rosa ☀ Incenso: Sálvia
Festival romano de Ludi Piscatari, festival dos pescadores

18/6 quarta-feira
Signo da Lua: Áries às 20h09
Fase da Lua: Minguante às 16h20
Início LFC: 18h35
Final LFC: 20h09
Cor: Marrom ☀ Incenso: Hortênsias

19/6 quinta-feira
Signo da Lua: Áries
Fase da Lua: Minguante
Cor: Amarelo ☀ Incenso: Laranja
Dia de Cerridween no paganismo
Corpus Christi

20/6 sexta-feira
Signo da Lua: Touro às 22h54
Fase da Lua: Minguante
Início LFC: 22h50
Final LFC: 22h54
O Sol entra em Câncer às 23h43
Início do Inverno às 23h43
Cor: Azul ☀ Incenso: Dama-da-noite
Litha: Solstício de Verão (HN)
Yule: Solstício de Inverno (HS)

21/6 sábado
Signo da Lua: Touro
Fase da Lua: Minguante
Cor: Cinza ☀ Incenso: Manjericão

22/6 domingo
Signo da Lua: Gêmeos às 23h58
Fase da Lua: Minguante (Lua Negra)
Início LFC: 22h52
Final LFC: 23h58
Cor: Cor-de-rosa ☀ Incenso: Erva-cidreira
Dia de Cu Chulainn no druidismo

23/6 segunda-feira
Signo da Lua: Gêmeos
Fase da Lua: Minguante (Lua Negra)
Início LFC: 5h27

Cor: Azul ☀ Incenso: Lavanda
Véspera de São João, dia tradicional das comemorações do Solstício de Verão no Hemisfério Norte.

24/6 terça-feira
Signo da Lua: Gêmeos
Fase da Lua: Minguante (Lua Negra)
Cor: Roxo ☀ Incenso: Canela

25/6 quarta-feira
Signo da Lua: Câncer à 0h45
Fase da Lua: Nova às 7h33
Final LFC: 0h45
Cor: Verde ☀ Incenso: Alfazema

26/6 quinta-feira
Signo da Lua: Câncer
Fase da Lua: Nova
Cor: Branco ☀ Incenso: Violetas

27/6 sexta-feira
Signo da Lua: Leão às 3h06
Fase da Lua: Nova
Início LFC: 2h17
Final LFC: 3h06
Cor: Amarelo ☀ Incenso: Rosas
Início do festival romano de Initium Aestatis, festival do início do verão

28/6 sábado
Signo da Lua: Leão
Fase da Lua: Nova
Cor: Azul-marinho ☀ Incenso: Laranja

29/6 domingo
Signo da Lua: Virgem às 8h45
Fase da Lua: Nova
Início LFC: 8h04
Final LFC: 8h45
Cor: Preto ☀ Incenso: Hortênsias
Dia de São Pedro

30/6 segunda-feira
Signo da Lua: Virgem
Fase da Lua: Nova
Cor: Marrom ☀ Incenso: Arruda

Julho de 2025

Julho recebeu esse nome graças a Júlio César, que reorganizou o antes caótico calendário romano, dando-lhe a forma do calendário juliano. Esse novo calendário foi implantado no ano 46 a.C., conhecido como o ano da confusão, depois do caos provocado pela troca de calendários. O calendário juliano tornou-se o mais usado no Ocidente nos 1600 anos seguintes. Foi substituído nos países católicos pelo calendário gregoriano no ano de 1582. A pedra de julho é o rubi.

1º/7 terça-feira
Signo da Lua: Libra às 18h18
Fase da Lua: Nova
Início LFC: 17h48
Final LFC: 18h18
Cor: Verde ☀ Incenso: Lavanda

2/7 quarta-feira
Signo da Lua: Libra
Fase da Lua: Crescente às 16h31
Início LFC: 16h31
Cor: Cor-de-rosa ☀ Incenso: Dama-da-noite

3/7 quinta-feira
Signo da Lua: Libra
Fase da Lua: Crescente
Cor: Vermelho ☀ Incenso: Arruda
Festival celta celebrando a deusa Cerridwen, a detentora do caldeirão sagrado.

4/7 sexta-feira
Signo da Lua: Escorpião às 6h34
Fase da Lua: Crescente
Final LFC: 6h34
Cor: Amarelo ☀ Incenso: Rosas

5/7 sábado
Signo da Lua: Escorpião
Fase da Lua: Crescente
Cor: Marrom ☀ Incenso: Erva-cidreira

6/7 domingo
Signo da Lua: Sagitário às 19h07
Fase da Lua: Crescente
Início LFC: 19h05
Final LFC: 19h07
Cor: Azul-marinho ☀ Incenso: Laranja

7/7 segunda-feira
Signo da Lua: Sagitário
Fase da Lua: Crescente
Início LFC: 18h31
Cor: Branco ☀ Incenso: Sândalo
Festival romano da Consuália, em homenagem a Consus, o deus da colheita

8/7 terça-feira
Signo da Lua: Sagitário
Fase da Lua: Crescente
Cor: Azul ☀ Incenso: Alfazema

9/7 quarta-feira
Signo da Lua: Capricórnio às 5h56
Fase da Lua: Crescente
Final LFC: 5h56
Cor: Preto ☀ Incenso: Lavanda
Revolução Constitucionalista

10/7 quinta-feira
Signo da Lua: Capricórnio
Fase da Lua: Cheia às 17h38
Início LFC: 17h38
Cor: Lilás ☀ Incenso: Manjericão

11/7 sexta-feira
Signo da Lua: Aquário às 14h22
Fase da Lua: Cheia
Final LFC: 14h22
Cor: Roxo ☀ Incenso: Sálvia
Dia do deus egípcio Hórus

12/7 sábado
Signo da Lua: Aquário
Fase da Lua: Cheia
Início LFC: 16h46
Cor: Cinza ☀ Incenso: Hortênsias
Dia do deus egípcio Set
Adônia, festa grega do amor

13/7 domingo
Signo da Lua: Peixes às 20h46
Fase da Lua: Cheia
Final LFC: 20h46
Cor: Marrom ☀ Incenso: Erva-cidreira

14/7 segunda-feira
Signo da Lua: Peixes
Fase da Lua: Cheia
Cor: Cor-de-rosa ☀ Incenso: Jasmim

15/7 terça-feira
Signo da Lua: Peixes
Fase da Lua: Cheia
Início LFC: 14h11
Cor: Azul-marinho ☀ Incenso: Laranja
Dia da deusa egípcia Néftis

16/7 quarta-feira
Signo da Lua: Áries à 1h33
Fase da Lua: Cheia
Final LFC: 1h33
Cor: Laranja ☀ Incenso: Hortênsias

17/7 quinta-feira
Signo da Lua: Áries
Fase da Lua: Minguante às 21h39
Início LFC: 21h39
Cor: Cor-de-rosa ☀ Incenso: Violetas
Noite egípcia do Berço

18/7 sexta-feira
Signo da Lua: Touro às 5h00
Fase da Lua: Minguante
Final LFC: 5h00
Cor: Lilás ☀ Incenso: Sândalo
Noite egípcia da Gota

19/7 sábado
Signo da Lua: Touro
Fase da Lua: Minguante
Cor: Azul ☀ Incenso: Lavanda

20/7 domingo
Signo da Lua: Gêmeos às 7h23
Fase da Lua: Minguante
Início LFC: 3h45
Final LFC: 7h23
Cor: Vermelho ☀ Incenso: Sálvia

21/7 segunda-feira
Signo da Lua: Gêmeos
Fase da Lua: Minguante (Lua Negra)
Início LFC: 16h53
Cor: Roxo ☀ Incenso: Rosas

22/7 terça-feira
Signo da Lua: Câncer às 9h27
Fase da Lua: Minguante (Lua Negra)
Final LFC: 9h27
O Sol entra em Leão às 10h31
Cor: Amarelo ☀ Incenso: Laranja

23/7 quarta-feira
Signo da Lua: Câncer
Fase da Lua: Minguante (Lua Negra)
Início LFC: 21h43
Cor: Preto ☀ Incenso: Alfazema
Neptunais, festas e jogos romanos em honra de Netuno, deus dos mares

24/7 quinta-feira
Signo da Lua: Leão às 12h30
Fase da Lua: Nova às 16h12
Final LFC: 12h30
Cor: Lilás ☀ Incenso: Jasmim

25/7 sexta-feira
Signo da Lua: Leão
Fase da Lua: Nova
Cor: Verde ☀ Incenso: Dama-da-noite

26/7 sábado
Signo da Lua: Virgem às 17h57

Fase da Lua: Nova
Início LFC: 8h03
Final LFC: 17h57
Cor: Cinza ☀ Incenso: Canela

27/7 domingo
Signo da Lua: Virgem
Fase da Lua: Nova
Cor: Laranja ☀ Incenso: Hortênsias

28/7 segunda-feira
Signo da Lua: Virgem
Fase da Lua: Nova
Início LFC: 21h58
Cor: Roxo ☀ Incenso: Sândalo

29/7 terça-feira
Signo da Lua: Libra às 2h44
Fase da Lua: Nova
Final LFC: 2h44
Cor: Marrom ☀ Incenso: Lavanda

30/7 quarta-feira
Signo da Lua: Libra
Fase da Lua: Nova
Início LFC: 1h00
Cor: Azul ☀ Incenso: Sálvia

31/7 quinta-feira
Signo da Lua: Escorpião às 14h26
Fase da Lua: Nova
Final LFC: 14h26
Cor: Amarelo ☀ Incenso: Erva-cidreira

Agosto de 2025

Agosto tem esse nome graças ao primeiro imperador romano, Augusto César. No primeiro dia deste mês comemora-se o festival de Lammas. Muitos pagãos o chamam de Lughnassadh, a pronúncia irlandesa do nome moderno irlandês Lunasa. Lammas é a primeira colheita do ano, a colheita dos grãos. Esse mês é consagrado ao deus da sabedoria, Lugh. A pedra natal de agosto é a sardônica, um tipo de ônix.

1º/8 sexta-feira
Signo da Lua: Escorpião
Fase da Lua: Crescente às 9h42
Cor: Verde ☀ Incenso: Manjericão
Festival de Lug, deus-herói celta
Lammas (HN)
Imbolc (HS)

2/8 sábado
Signo da Lua: Escorpião
Fase da Lua: Crescente
Início LFC: 22h08
Cor: Lilás ☀ Incenso: Sândalo

3/8 domingo
Signo da Lua: Sagitário às 3h02
Fase da Lua: Crescente
Final LFC: 3h02
Cor: Branco ☀ Incenso: Violetas

4/8 segunda-feira
Signo da Lua: Sagitário
Fase da Lua: Crescente
Cor: Cor-de-rosa ☀ Incenso: Arruda

5/8 terça-feira
Signo da Lua: Capricórnio às 14h05
Fase da Lua: Crescente
Início LFC: 12h30
Final LFC: 14h05
Cor: Preto ☀ Incenso: Erva-cidreira

6/8 quarta-feira
Signo da Lua: Capricórnio
Fase da Lua: Crescente
Início LFC: 14h41
Cor: Laranja ☀ Incenso: Lavanda

7/8 quinta-feira
Signo da Lua: Aquário às 22h19
Fase da Lua: Crescente
Final LFC: 22h19
Cor: Vermelho ☀ Incenso: Rosas
Festa egípcia da Inebriação em honra a Hathor

8/8 sexta-feira
Signo da Lua: Aquário
Fase da Lua: Crescente
Cor: Azul-marinho ☀ Incenso: Hortênsias

9/8 sábado
Signo da Lua: Aquário
Fase da Lua: Cheia às 4h56 (Lua Rosa)
Início LFC: 4h56
Cor: Branco ☀ Incenso: Laranja
Festival dos Espíritos do Fogo no neopaganismo

10/8 domingo
Signo da Lua: Peixes às 3h51
Fase da Lua: Cheia
Final LFC: 3h51
Cor: Amarelo ☀ Incenso: Sálvia
Dia dos Pais

11/8 segunda-feira
Signo da Lua: Peixes
Fase da Lua: Cheia
Início LFC: 3h56
Cor: Roxo ☀ Incenso: Manjericão

12/8 terça-feira
Signo da Lua: Áries às 7h34
Fase da Lua: Cheia
Final LFC: 7h34
Cor: Azul ☀ Incenso: Sândalo
Festival egípcio das Luzes de Ísis

13/8 quarta-feira
Signo da Lua: Áries
Fase da Lua: Cheia
Início LFC: 19h55
Cor: Marrom ☀ Incenso: Alfazema
Festival da deusa Hécate, deusa que protege dos perigos e das maldições

14/8 quinta-feira
Signo da Lua: Touro às 10h23
Fase da Lua: Cheia
Final LFC: 10h23
Cor: Lilás ☀ Incenso: Canela

15/8 sexta-feira
Signo da Lua: Touro
Fase da Lua: Cheia

Cor: Preto ☼ Incenso: Dama-da-noite
Nemorálias romanas, festa das mulheres e da luz

16/8 sábado
Signo da Lua: Gêmeos às 13h02
Fase da Lua: Minguante às 2h13
Início LFC: 2h13
Final LFC: 13h02
Cor: Verde ☼ Incenso: Hortênsias

17/8 domingo
Signo da Lua: Gêmeos
Fase da Lua: Minguante
Cor: Laranja ☼ Incenso: Violetas
Portumnálias, festas romanas em honra de Portumno, deus dos portos

18/8 segunda-feira
Signo da Lua: Câncer às 16h06
Fase da Lua: Minguante
Início LFC: 8h54
Final LFC: 16h06
Cor: Cor-de-rosa ☼ Incenso: Jasmim

19/8 terça-feira
Signo da Lua: Câncer
Fase da Lua: Minguante
Cor: Branco ☼ Incenso: Rosas
Vinálias, festas romanas em honra de Vênus, deusa do amor

20/8 quarta-feira
Signo da Lua: Leão às 20h18
Fase da Lua: Minguante (Lua Negra)
Início LFC: 9h28
Final LFC: 20h18
Cor: Marrom ☼ Incenso: Lavanda

21/8 quinta-feira
Signo da Lua: Leão
Fase da Lua: Minguante (Lua Negra)
Início LFC: 15h15
Cor: Verde ☼ Incenso: Canela
Consuálias, festas romanas em honra de Conso, deus do conselho

22/8 sexta-feira
Signo da Lua: Leão
Fase da Lua: Minguante (Lua Negra)
O Sol entra em Virgem às 17h35
Cor: Roxo ☼ Incenso: Manjericão

23/8 sábado
Signo da Lua: Virgem às 2h25
Fase da Lua: Nova às 3h08
Final LFC: 2h25
Cor: Cinza ☼ Incenso: Sândalo
Vulcanálias, festival romano em honra de Vulcano, deus do fogo e dos vulcões
Dia da deusa grega Nêmesis, defensora das relíquias e da memória dos mortos

24/8 domingo
Signo da Lua: Virgem
Fase da Lua: Nova
Cor: Azul-marinho ☼ Incenso: Erva-cidreira
Festival em homenagem aos Manes, espíritos dos ancestrais

25/8 segunda-feira
Signo da Lua: Libra às 11h09
Fase da Lua: Nova
Início LFC: 10h55
Final LFC: 11h09
Cor: Vermelho ☼ Incenso: Canela
Opiconsívias

26/8 terça-feira
Signo da Lua: Libra
Fase da Lua: Nova
Início LFC: 23h08
Cor: Laranja ☀ Incenso: Sálvia

27/8 quarta-feira
Signo da Lua: Escorpião às 22h28
Fase da Lua: Nova
Final LFC: 22h28
Cor: Amarelo ☀ Incenso: Lavanda

28/8 quinta-feira
Signo da Lua: Escorpião
Fase da Lua: Nova
Cor: Preto ☀ Incenso: Manjericão

29/8 sexta-feira
Signo da Lua: Escorpião
Fase da Lua: Nova
Início LFC: 21h48
Cor: Cor-de-rosa ☀ Incenso: Alfazema

30/8 sábado
Signo da Lua: Sagitário às 11h06
Fase da Lua: Nova
Final LFC: 11h06
Cor: Branco ☀ Incenso: Laranja

31/8 domingo
Signo da Lua: Sagitário
Fase da Lua: Crescente às 3h26
Cor: Marrom ☀ Incenso: Rosas

Setembro de 2025

Setembro tem esse nome porque é o sétimo mês do calendário romano. Os nomes dos três meses seguintes também foram nomeados desse modo. A deusa Pomona, patrona das frutas e das árvores frutíferas, é a deusa regente do mês de setembro. Em vários países do Hemisfério Norte, era celebrado o Equinócio de Outono, chamado de Mabon. Reconhecia-se e comemorava-se a diminuição da luz, do calor e do ritmo de vida. A pedra de setembro é a safira.

1º/9 segunda-feira
Signo da Lua: Capricórnio às 22h46
Fase da Lua: Crescente
Início LFC: 22h40
Final LFC: 22h46
Cor: Azul ☀ Incenso: Canela

2/9 terça-feira
Signo da Lua: Capricórnio
Fase da Lua: Crescente
Cor: Lilás ☀ Incenso: Sálvia
Festejos a Ariadne e a Dioniso na Grécia

3/9 quarta-feira
Signo da Lua: Capricórnio
Fase da Lua: Crescente
Cor: Verde ☀ Incenso: Laranja

4/9 quinta-feira
Signo da Lua: Aquário às 7h33

Fase da Lua: Crescente
Início LFC: 7h09
Final LFC: 7h33
Cor: Marrom ☀ Incenso: Erva-cidreira

5/9 sexta-feira
Signo da Lua: Aquário
Fase da Lua: Crescente
Início LFC: 17h53
Cor: Amarelo ☀ Incenso: Jasmim

6/9 sábado
Signo da Lua: Peixes às 12h55
Fase da Lua: Crescente
Final LFC: 12h55
Cor: Vermelho ☀ Incenso: Arruda

7/9 domingo
Signo da Lua: Peixes
Fase da Lua: Cheia às 15h10
Eclipse total da Lua às 15h10
Cor: Cor-de-rosa ☀ Incenso: Alfazema
Independência do Brasil

8/9 segunda-feira
Signo da Lua: Áries às 15h38
Fase da Lua: Cheia
Início LFC: 14h45
Final LFC: 15h38
Cor: Cinza ☀ Incenso: Sândalo

9/9 terça-feira
Signo da Lua: Áries
Fase da Lua: Cheia
Cor: Branco ☀ Incenso: Dama-da-noite

10/9 quarta-feira
Signo da Lua: Touro às 17h05
Fase da Lua: Cheia
Início LFC: 3h55
Final LFC: 17h05
Cor: Preto ☀ Incenso: Rosas

11/9 quinta-feira
Signo da Lua: Touro
Fase da Lua: Cheia
Cor: Azul-marinho ☀ Incenso: Manjericão
Dias das Rainhas no Egito

12/9 sexta-feira
Signo da Lua: Gêmeos às 18h39
Fase da Lua: Cheia
Início LFC: 17h15
Final LFC: 18h39
Cor: Roxo ☀ Incenso: Jasmim

13/9 sábado
Signo da Lua: Gêmeos
Fase da Lua: Cheia
Cor: Marrom ☀ Incenso: Lavanda
Festival romano do Lectistérnio, em homenagem a Júpiter, Juno e Minerva, praticado nos tempos de calamidade pública

14/9 domingo
Signo da Lua: Câncer às 21h31
Fase da Lua: Minguante às 7h34
Início LFC: 19h48
Final LFC: 21h31
Cor: Azul ☀ Incenso: Hortênsias

15/9 segunda-feira
Signo da Lua: Câncer
Fase da Lua: Minguante
Cor: Laranja ☀ Incenso: Sálvia

16/9 terça-feira
Signo da Lua: Câncer
Fase da Lua: Minguante
Cor: Vermelho ☼ Incenso: Dama-da-noite

17/9 quarta-feira
Signo da Lua: Leão às 2h21
Fase da Lua: Minguante
Início LFC: 0h15
Final LFC: 2h21
Cor: Lilás ☼ Incenso: Arruda
Honras a Deméter na Grécia
Celebração egípcia do aniversário de Hathor

18/9 quinta-feira
Signo da Lua: Leão
Fase da Lua: Minguante (Lua Negra)
Cor: Azul-marinho ☼ Incenso: Laranja

19/9 sexta-feira
Signo da Lua: Virgem às 9h24
Fase da Lua: Minguante (Lua Negra)
Início LFC: 9h23
Final LFC: 9h24
Cor: Verde ☼ Incenso: Alfazema
Festival egípcio em honra a Thoth, deus da sabedoria e da magia

20/9 sábado
Signo da Lua: Virgem
Fase da Lua: Minguante (Lua Negra)
Cor: Branco ☼ Incenso: Jasmim

21/9 domingo
Signo da Lua: Libra às 18h42
Fase da Lua: Nova às 16h55
Eclipse parcial do Sol às 16h55
Início LFC: 16h55
Final LFC: 18h42
Cor: Roxo ☼ Incenso: Canela
Festival egípcio da Vida Divina, dedicado à deusa tríplice
Mistérios Eleusinos Maiores

22/9 segunda-feira
Signo da Lua: Libra
Fase da Lua: Nova
O Sol entra em Libra às 15h20
Início da primavera às 15h20
Cor: Marrom ☼ Incenso: Alfazema
Mabon – Equinócio de Outono (HN)
Ostara – Equinócio de Primavera (HS)

23/9 terça-feira
Signo da Lua: Libra
Fase da Lua: Nova
Início LFC: 13h03
Cor: Cinza ☼ Incenso: Dama-da-noite

24/9 quarta-feira
Signo da Lua: Escorpião às 6h01
Fase da Lua: Nova
Final LFC: 6h01
Cor: Verde ☼ Incenso: Jasmim

25/9 quinta-feira
Signo da Lua: Escorpião
Fase da Lua: Nova
Cor: Amarelo ☼ Incenso: Hortênsias

26/9 sexta-feira
Signo da Lua: Sagitário às 18h38
Fase da Lua: Nova
Início LFC: 14h45
Final LFC: 18h38
Cor: Preto ☼ Incenso: Erva-cidreira
Festival chinês a Chang-O, deusa da Lua

27/9 sábado
Signo da Lua: Sagitário
Fase da Lua: Nova
Cor: Cor-de-rosa ☀ Incenso: Arruda

28/9 domingo
Signo da Lua: Sagitário
Fase da Lua: Nova
Cor: Vermelho ☀ Incenso: Laranja
Festival a Deméter na Grécia

29/9 segunda-feira
Signo da Lua: Capricórnio às 6h56
Fase da Lua: Crescente às 20h55
Início LFC: 2h45
Final LFC: 6h56
Cor: Azul-marinho ☀ Incenso: Rosas

30/9 terça-feira
Signo da Lua: Capricórnio
Fase da Lua: Crescente
Cor: Laranja ☀ Incenso: Sálvia
Dia de oferendas a Medetrina, deusa romana da medicina

Outubro de 2025

Outubro, o oitavo mês do ano no calendário romano, é consagrado à deusa Astreia, filha de Zeus e Têmis, que vivia entre os homens durante a Era de Ouro. O último dia de outubro, o Halloween, é o primeiro dia regido pela deusa Samhain. O festival de Samhain começa no pôr do sol do dia 31 de outubro, o Ano-Novo da tradição celta. Por tradição, essa é a época das primeiras geadas e da última colheita. A pedra natal deste mês é a opala.

1º/10 quarta-feira
Signo da Lua: Aquário às 16h53
Fase da Lua: Crescente
Início LFC: 12h35
Final LFC: 16h53
Cor: Azul ☀ Incenso: Alfazema
Festival de Fidius, deusa romana da boa-fé

2/10 quinta-feira
Signo da Lua: Aquário
Fase da Lua: Crescente
Cor: Marrom ☀ Incenso: Canela
Dia dos Guias Espirituais na Wicca

3/10 sexta-feira
Signo da Lua: Peixes às 23h08
Fase da Lua: Crescente
Início LFC: 15h16
Final LFC: 23h08
Cor: Amarelo ☀ Incenso: Sálvia
Festival de Dioniso
Festa egípcia das Lamentações

4/10 sábado
Signo da Lua: Peixes
Fase da Lua: Crescente
Cor: Cor-de-rosa ☀ Incenso: Violetas
Cerimônia a Ceres, deusa da agricultura

5/10 domingo
Signo da Lua: Peixes
Fase da Lua: Crescente
Início LFC: 21h31
Cor: Verde ☼ Incenso: Laranja

6/10 segunda-feira
Signo da Lua: Áries à 1h49
Fase da Lua: Crescente
Final LFC: 1h49
Cor: Lilás ☼ Incenso: Manjericão

7/10 terça-feira
Signo da Lua: Áries
Fase da Lua: Cheia à 0h49
Início LFC: 15h25
Cor: Vermelho ☼ Incenso: Arruda

8/10 quarta-feira
Signo da Lua: Touro às 2h14
Fase da Lua: Cheia
Final LFC: 2h14
Cor: Marrom ☼ Incenso: Lavanda
Chung Yeung, festival da sorte na China

9/10 quinta-feira
Signo da Lua: Touro
Fase da Lua: Cheia
Início LFC: 21h32
Cor: Azul ☼ Incenso: Hortênsias
Festa de Felicidade, deusa romana da sorte e da alegria

10/10 sexta-feira
Signo da Lua: Gêmeos às 2h13
Fase da Lua: Cheia
Final LFC: 2h13
Cor: Roxo ☼ Incenso: Arruda

11/10 sábado
Signo da Lua: Gêmeos
Fase da Lua: Cheia
Início LFC: 23h57
Cor: Amarelo ☼ Incenso: Laranja
Dia da Anciã das Árvores na Wicca
Meditrinálias, festas romanas em honra de Meditrina, deusa da cura

12/10 domingo
Signo da Lua: Câncer às 3h38
Fase da Lua: Cheia
Final LFC: 3h38
Cor: Preto ☼ Incenso: Violetas
Festival da Fortuna Redux, deusa romana das viagens e dos retornos seguros
Dia de Nossa Senhora Aparecida

13/10 segunda-feira
Signo da Lua: Câncer
Fase da Lua: Minguante às 15h14
Cor: Verde ☼ Incenso: Canela
Fontinálias, festas romanas em honra das ninfas das fontes

14/10 terça-feira
Signo da Lua: Leão às 7h48
Fase da Lua: Minguante
Início LFC: 2h06
Final LFC: 7h48
Cor: Cinza ☼ Incenso: Rosas

15/10 quarta-feira
Signo da Lua: Leão
Fase da Lua: Minguante
Cor: Azul-marinho ☼ Incenso: Manjericão
Festival de Marte, deus romano da guerra

16/10 quinta-feira
Signo da Lua: Virgem às 15h07
Fase da Lua: Minguante
Início LFC: 2h07
Final LFC: 15h07
Cor: Lilás ☀ Incenso: Jasmim

17/10 sexta-feira
Signo da Lua: Virgem
Fase da Lua: Minguante
Cor: Cor-de-rosa ☀ Incenso: Alfazema

18/10 sábado
Signo da Lua: Virgem
Fase da Lua: Minguante (Lua Negra)
Início LFC: 18h12
Cor: Marrom ☀ Incenso: Hortênsias
Dia do Deus Astado na Wicca gardneriana

19/10 domingo
Signo da Lua: Libra à 1h03
Fase da Lua: Minguante (Lua Negra)
Final LFC: 1h03
Cor: Vermelho ☀ Incenso: Violetas
Armilústrio, festas romanas em honra de Marte, deus da guerra

20/10 segunda-feira
Signo da Lua: Libra
Fase da Lua: Minguante (Lua Negra)
Cor: Verde ☀ Incenso: Canela

21/10 terça-feira
Signo da Lua: Escorpião às 12h43
Fase da Lua: Nova às 9h26
Início LFC: 9h26
Final LFC: 12h43
Cor: Amarelo ☀ Incenso: Erva-cidreira

22/10 quarta-feira
Signo da Lua: Escorpião
Fase da Lua: Nova
Cor: Azul-marinho ☀ Incenso: Manjericão

23/10 quinta-feira
Signo da Lua: Escorpião
Fase da Lua: Nova às 18h12
O Sol entra em Escorpião à 0h52
Cor: Preto ☀ Incenso: Rosas

24/10 sexta-feira
Signo da Lua: Sagitário à 1h20
Fase da Lua: Nova
Início LFC: 1h15
Final LFC: 1h20
Cor: Verde ☀ Incenso: Alfazema
Festival do Espírito dos Ares na Wicca e no neopaganismo

25/10 sábado
Signo da Lua: Sagitário
Fase da Lua: Nova
Cor: Laranja ☀ Incenso: Dama-da-noite

26/10 domingo
Signo da Lua: Capricórnio às 13h54
Fase da Lua: Nova
Início LFC: 13h43
Final LFC: 13h54
Cor: Cinza ☀ Incenso: Violetas

27/10 segunda-feira
Signo da Lua: Capricórnio
Fase da Lua: Nova
Cor: Vermelho ☀ Incenso: Laranja

28/10 terça-feira
Signo da Lua: Capricórnio
Fase da Lua: Nova
Cor: Branco ☀ Incenso: Hortênsias
Festival em honra de Ísis no Egito

29/10 quarta-feira
Signo da Lua: Aquário à 0h56
Fase da Lua: Crescente às 13h22
Início LFC: 0h39
Final LFC: 0h56
Cor: Roxo ☀ Incenso: Sândalo

30/10 quinta-feira
Signo da Lua: Aquário
Fase da Lua: Crescente
Cor: Cor-de-rosa ☀ Incenso: Arruda

31/10 sexta-feira
Signo da Lua: Peixes às 8h47
Fase da Lua: Crescente
Início LFC: 3h16
Final LFC: 8h47
Cor: Azul-marinho ☀ Incenso: Lavanda
Samhain – Halloween (HN)
Beltane (HS)

Novembro de 2025

Novembro começa com o festival de Samhain, o Dia de Todos os Santos. Na tradição celta, novembro marca o início do ano natural. Samhain era o primeiro dia do antigo ano celta. Embora seja agora o décimo primeiro mês do ano, novembro tem esse nome por ter sido o nono mês do calendário romano. A pedra natal de novembro é o topázio.

1º/11 sábado
Signo da Lua: Peixes
Fase da Lua: Crescente
Cor: Lilás ☀ Incenso: Sálvia
Cailleach's Reign, festival em honra da antiga deusa anciã celta
Dia de Todos os Santos

2/11 domingo
Signo da Lua: Áries às 12h41
Fase da Lua: Crescente
Início LFC: 12h16
Final LFC: 12h41
Cor: Verde ☀ Incenso: Jasmim
Dia das Feiticeiras na Ibéria
Dia de Finados

3/11 segunda-feira
Signo da Lua: Áries
Fase da Lua: Crescente
Cor: Amarelo ☀ Incenso: Erva-cidreira

4/11 terça-feira
Signo da Lua: Touro às 13h17
Fase da Lua: Crescente
Início LFC: 8h22
Final LFC: 13h17
Cor: Branco ☀ Incenso: Laranja

5/11 quarta-feira
Signo da Lua: Touro
Fase da Lua: Cheia às 10h20 (Lua Rosa)
Cor: Azul ☀ Incenso: Hortênsias

6/11 quinta-feira
Signo da Lua: Gêmeos às 12h22
Fase da Lua: Cheia
Início LFC: 11h52
Final LFC: 12h22
Cor: Marrom ☀ Incenso: Rosas
Festival à deusa babilônica Tiamat

7/11 sexta-feira
Signo da Lua: Gêmeos
Fase da Lua: Cheia
Cor: Vermelho ☀ Incenso: Manjericão
Noite da deusa grega Hécate, na Wicca gardneriana

8/11 sábado
Signo da Lua: Câncer às 12h07
Fase da Lua: Cheia
Início LFC: 11h33
Final LFC: 12h07
Cor: Verde ☀ Incenso: Alfazema
Festival romano de Mania, em comemoração aos Manes, espíritos do mundo subterrâneo

9/11 domingo
Signo da Lua: Câncer
Fase da Lua: Cheia
Cor: Laranja ☀ Incenso: Canela

10/11 segunda-feira
Signo da Lua: Leão às 14h35
Fase da Lua: Cheia
Início LFC: 14h24
Final LFC: 14h35
Cor: Roxo ☀ Incenso: Sálvia

11/11 terça-feira
Signo da Lua: Leão
Fase da Lua: Cheia
Cor: Azul ☀ Incenso: Erva-cidreira
Lunantshees, festival em honra do povo das fadas na Irlanda

12/11 quarta-feira
Signo da Lua: Virgem às 20h53
Fase da Lua: Minguante às 2h29
Início LFC: 20h31
Final LFC: 20h53
Cor: Cor-de-rosa ☀ Incenso: Jasmim

13/11 quinta-feira
Signo da Lua: Virgem
Fase da Lua: Minguante
Cor: Cinza ☀ Incenso: Alfazema
Festival romano em honra de Júpiter
Festival romano em honra de Ferônia, a deusa protetora dos libertos

14/11 sexta-feira
Signo da Lua: Virgem
Fase da Lua: Minguante
Cor: Laranja ☀ Incenso: Canela
Festival dos Bardos no druidismo

15/11 sábado
Signo da Lua: Libra às 6h45
Fase da Lua: Minguante
Início LFC: 6h10
Final LFC: 6h45
Cor: Amarelo ☀ Incenso: Violetas
Ferônia, festival pagão do fogo
Proclamação da República

16/11 domingo
Signo da Lua: Libra
Fase da Lua: Minguante
Cor: Verde ☀ Incenso: Dama-da-noite
Festival das Luzes, que marca o ano-novo hindu

17/11 segunda-feira
Signo da Lua: Escorpião às 18h46
Fase da Lua: Minguante (Lua Negra)
Início LFC: 8h52
Final LFC: 18h46
Cor: Marrom ☀ Incenso: Erva-cidreira

18/11 terça-feira
Signo da Lua: Escorpião
Fase da Lua: Minguante (Lua Negra)
Cor: Branco ☀ Incenso: Hortênsias
Ardvi Sura, festival em honra da deusa persa Aerdi, a Mãe das Estrelas

19/11 quarta-feira
Signo da Lua: Escorpião
Fase da Lua: Minguante (Lua Negra)
Cor: Verde ☀ Incenso: Laranja

20/11 quinta-feira
Signo da Lua: Sagitário às 7h27
Fase da Lua: Nova às 3h48
Início LFC: 6h25
Final LFC: 7h27
Cor: Preto ☀ Incenso: Violetas
Dia de Zumbi e da Consciência Negra

21/11 sexta-feira
Signo da Lua: Sagitário
Fase da Lua: Nova
O Sol entra em Sagitário às 22h37
Cor: Azul-marinho ☀ Incenso: Jasmim
Celebração da deusa celta Cailleach, senhora da noite e da morte

22/11 sábado
Signo da Lua: Capricórnio às 19h54
Fase da Lua: Nova
Início LFC: 18h49
Final LFC: 19h54
Cor: Lilás ☀ Incenso: Manjericão
Dia dedicado à deusa greco-romana Ártemis/Diana

23/11 domingo
Signo da Lua: Capricórnio
Fase da Lua: Nova
Cor: Verde ☀ Incenso: Arruda

24/11 segunda-feira
Signo da Lua: Capricórnio
Fase da Lua: Nova
Cor: Amarelo ☀ Incenso: Rosas
Tori No Ichi, festival da Boa Fortuna no Japão
Festa a Baba Yaga
Honras às deusas egípcias da maternidade

25/11 terça-feira
Signo da Lua: Aquário às 7h17
Fase da Lua: Nova
Início LFC: 6h11
Final LFC: 7h17
Cor: Azul-marinho ☀ Incenso: Dama-da-noite
Dia consagrado a Perséfone, deusa dos subterrâneos

26/11 quarta-feira
Signo da Lua: Aquário
Fase da Lua: Nova
Cor: Cinza ☀ Incenso: Erva-cidreira
Antigo festival em honra das deusas do fogo no Tibete

27/11 quinta-feira
Signo da Lua: Peixes às 16h25
Fase da Lua: Nova
Início LFC: 14h54
Final LFC: 16h25
Cor: Vermelho ☀ Incenso: Sálvia
Parvati Devi, festas em honra da deusa tríplice hindu

28/11 sexta-feira
Signo da Lua: Peixes
Fase da Lua: Crescente às 4h00
Cor: Marrom ☀ Incenso: Laranja
Festival em honra a Sofia, deusa grega do conhecimento

29/11 sábado
Signo da Lua: Áries às 22h08
Fase da Lua: Crescente
Início LFC: 21h06
Final LFC: 22h08
Cor: Preto ☀ Incenso: Jasmim

30/11 domingo
Signo da Lua: Áries
Fase da Lua: Crescente
Cor: Cinza ☀ Incenso: Dama-da-noite

Dezembro de 2025

O nome deste mês deriva de Décima, uma das três Parcas (*Fates*, em inglês), que decidiam o curso da vida humana. O nome anglo-saxão deste mês era Aerra Geola, "o mês antes de Yule". O maior festival de dezembro é o Solstício de Inverno (no Hemisfério Norte), também chamado de Yule, Alban Arthuan e Meio do Verão. O festival de Natal é um amálgama de muitas tradições religiosas, antigas e modernas, pagãs, zoroastras, judaicas, mitraicas e cristãs. A pedra do mês de dezembro é a turquesa.

1º/12 segunda-feira
Signo da Lua: Áries
Fase da Lua: Crescente
Início LFC: 15h16
Cor: Amarelo ☀ Incenso: Arruda
Festival de Posseidon, deus grego do mar e do renascimento.

2/12 terça-feira
Signo da Lua: Touro à 0h14
Fase da Lua: Crescente
Final LFC: 0h14
Cor: Roxo ☀ Incenso: Sálvia
Hari Kugo, dia das feiticeiras no Japão

3/12 quarta-feira
Signo da Lua: Gêmeos às 23h49
Fase da Lua: Crescente
Início LFC: 22h51
Final LFC: 23h49
Cor: Marrom ☼ Incenso: Alfazema
Dia da Bona Dea, a deusa da bondade

4/12 quinta-feira
Signo da Lua: Gêmeos
Fase da Lua: Cheia às 20h15
Cor: Branco ☼ Incenso: Hortênsias
Minerválias, festival em honra da deusa romana Minerva

5/12 sexta-feira
Signo da Lua: Câncer às 22h55
Fase da Lua: Cheia
Início LFC: 21h56
Final LFC: 22h55
Cor: Cor-de-rosa ☼ Incenso: Jasmim
Festival em honra do deus grego Posêidon
Festejos à deusa Lucina, senhora da Luz e dos Infantes na Itália

6/12 sábado
Signo da Lua: Câncer
Fase da Lua: Cheia
Cor: Vermelho ☼ Incenso: Alfazema

7/12 domingo
Signo da Lua: Leão às 23h49
Fase da Lua: Cheia
Início LFC: 22h46
Final LFC: 23h49
Cor: Lilás ☼ Incenso: Canela

8/12 segunda-feira
Signo da Lua: Leão
Fase da Lua: Cheia
Cor: Azul ☼ Incenso: Lavanda
Festival em honra da deusa egípcia Neit e dia sagrado de Astraea, deusa grega da justiça

9/12 terça-feira
Signo da Lua: Leão
Fase da Lua: Cheia
Cor: Laranja ☼ Incenso: Rosas

10/12 quarta-feira
Signo da Lua: Virgem às 4h21
Fase da Lua: Cheia
Início LFC: 1h58
Final LFC: 4h21
Cor: Roxo ☼ Incenso: Erva-cidreira
Festival romano de Lux Mundi, a Luz do Mundo e epíteto da deusa da Liberdade

11/12 quinta-feira
Signo da Lua: Virgem
Fase da Lua: Minguante às 17h53
Cor: Azul-marinho ☼ Incenso: Violetas

12/12 sexta-feira
Signo da Lua: Libra às 13h05
Fase da Lua: Minguante
Início LFC: 11h52
Final LFC: 13h05
Cor: Verde ☼ Incenso: Laranja

13/12 sábado
Signo da Lua: Libra
Fase da Lua: Minguante

Cor: Amarelo ☀ Incenso: Canela
Dia de Santa Lúcia, ou Pequeno Yule, festival das luzes

14/12 domingo
Signo da Lua: Libra
Fase da Lua: Minguante
Cor: Branco ☀ Incenso: Alfazema

15/12 segunda-feira
Signo da Lua: Escorpião à 0h52
Fase da Lua: Minguante
Início LFC: 0h37
Final LFC: 0h52
Cor: Vermelho ☀ Incenso: Sândalo

16/12 terça-feira
Signo da Lua: Escorpião
Fase da Lua: Minguante (Lua Negra)
Cor: Azul ☀ Incenso: Dama-da-noite

17/12 quarta-feira
Signo da Lua: Sagitário às 13h40
Fase da Lua: Minguante (Lua Negra)
Início LFC: 12h25
Final LFC: 13h40
Cor: Roxo ☀ Incenso: Jasmim
Saturnais, festival em honra de Saturno

18/12 quinta-feira
Signo da Lua: Sagitário
Fase da Lua: Minguante (Lua Negra)
Cor: Cor-de-rosa ☀ Incenso: Sálvia

19/12 sexta-feira
Signo da Lua: Sagitário
Fase da Lua: Nova às 22h44
Cor: Amarelo ☀ Incenso: Manjericão
Eponália, dia dedicado à deusa romana Epona, patrona dos cavalos

20/12 sábado
Signo da Lua: Capricórnio à 1h54
Fase da Lua: Nova
Início LFC: 0h42
Final LFC: 1h54
Cor: Azul-marinho ☀ Incenso: Erva--cidreira
Opálias, festas romanas em honra de Ops, deusa da abundância

21/12 domingo
Signo da Lua: Capricórnio
Fase da Lua: Nova
O Sol entra em Capricórnio às 12h04
Início do verão às 12h04
Cor: Preto ☀ Incenso: Arruda
Ageronaias, festas romanas em honra de Angerona, deusa das cidades e dos campos
Yule – Solstício de Inverno (HN)
Litha – Solstício de Verão (HS)

22/12 segunda-feira
Signo da Lua: Aquário às 12h53
Fase da Lua: Nova
Início LFC: 11h45
Final LFC: 12h53
Cor: Vermelho ☀ Incenso: Sálvia
Laurentálias, festas romanas em honra de Aça Laurência, ama de Rômulo e Remo

23/12 terça-feira
Signo da Lua: Aquário
Fase da Lua: Nova
Cor: Laranja ☀ Incenso: Violetas

24/12 quarta-feira
Signo da Lua: Peixes às 22h10
Fase da Lua: Nova
Início LFC: 18h43
Final LFC: 22h10
Cor: Verde ☼ Incenso: Violetas

25/12 quinta-feira
Signo da Lua: Peixes
Fase da Lua: Nova
Cor: Cinza ☼ Incenso: Laranja
Natal

26/12 sexta-feira
Signo da Lua: Peixes
Fase da Lua: Nova
Cor: Marrom ☼ Incenso: Alfazema

27/12 sábado
Signo da Lua: Áries às 5h03
Fase da Lua: Crescente às 16h11
Início LFC: 4h05
Final LFC: 5h03
Cor: Azul ☼ Incenso: Erva-cidreira
Nascimento de Freia, deusa nórdica da fertilidade, da beleza e do amor

28/12 domingo
Signo da Lua: Áries
Fase da Lua: Crescente
Início LFC: 23h14
Cor: Roxo ☼ Incenso: Canela

29/12 segunda-feira
Signo da Lua: Touro às 8h58
Fase da Lua: Crescente
Final LFC: 8h58
Cor: Cor-de-rosa ☼ Incenso: Sálvia

30/12 terça-feira
Signo da Lua: Touro
Fase da Lua: Crescente
Cor: Branco ☼ Incenso: Hortênsias

31/12 quarta-feira
Signo da Lua: Gêmeos às 10h14
Fase da Lua: Crescente
Início LFC: 9h26
Final LFC: 10h14
Cor: Cinza ☼ Incenso: Jasmim
Véspera de Ano-Novo

Obs.: Fontes das datas festivas: *O Anuário da Grande Mãe*, de Mirella Faur; *Calendário Vida e Magia*, de Eddie Van Feu; *Dicionário da Mitologia Latina*, de Tassilo Orpheu Spalding, Editora Cultrix; *Dicionário da Mitologia Grega*, Ruth Guimarães, Editora Cultrix; *O Caminho da Deusa*, Patricia Monaghan, Editora Pensamento.

A Despensa da Bruxa:

Recarregue, Restaure e Revitalize seus Suprimentos Mágicos

Existem espaços dentro da casa da Bruxa onde o mundano nunca deve adentrar; cômodos repletos do aroma de magia, onde prateleiras escuras são preenchidas com frascos de farmácia antigos, com rótulos que mascaram os segredos do seu poder – ervas mágicas, terra de cemitério e maçã do diabo, apenas para citar alguns dos ingredientes misteriosos. E, é claro, há um caldeirão. Sempre há um caldeirão que borbulha num canto.

Gostaria de poder dizer que eu estava descrevendo minha própria despensa de bruxa, mas, infelizmente, não estou. Na verdade, eu não tenho uma despensa dedicada apenas à minha Arte. Meu escritório doméstico abriga a maior parte dos meus livros, cristais, ossos, penas, velas e outras curiosidades que uso na criação de feitiços, organizados em gavetas e armários. E minhas ervas... bom, elas estão cuidadosamente guardadas atrás dos potes de picles e geleia nas prateleiras acima do meu freezer e em frente à minha máquina de lavar e secadora, na minha despensa/lavanderia. E quanto ao meu caldeirão?, você

talvez se pergunte. Bem, no momento, ele está na minha sala de jantar, repleto de óleos essenciais que ainda não guardei.

Mas por quanto tempo alguém pode manter ervas penduradas num suporte de secagem na despensa ou na cozinha antes de estragarem? Parece que as ervas dos filmes têm séculos de idade (às vezes estão até cobertas de teias de aranha). E quanto aos cristais empoeirados em nossas prateleiras ou ao athame enfiado numa gaveta com os carvões e as velas? Eles se desenergizam depois de ficarem perdidos na gaveta de bugigangas ou até mesmo expostos no parapeito da janela?

Vou compartilhar com você algumas dicas, truques e boas práticas que aprendi ao percorrer o caminho espiral, para ajudar a manter os ingredientes mágicos viáveis e o seu espaço de trabalho energeticamente sintonizado com sua magia. Vamos começar a limpeza.

Quando o Suprimento Está Velho Demais?

Você sabia que, assim que colhe suas ervas, o poder de cura e mágico delas começa a diminuir? A vida útil das ervas desidratadas, nas melhores condições, é de um a dois anos, e as especiarias duram aproximadamente de dois a três anos, mas ainda menos se não forem armazenadas da maneira adequada. E quanto às ervas que você compra pela internet? Você sabe quando foram colhidas? E, mais importante, como foram armazenadas antes de serem enviadas para você?

Sugiro que você revise seu estoque de ervas anualmente e faça as seguintes perguntas para determinar a viabilidade do seu estoque: As ervas ainda mantêm sua cor? O aroma das ervas está fraco ou já desapareceu? Há evidências de que insetos invadiram suas ervas? Elas estão com teias de aranha ou foram mordidas?

Infelizmente, muitas ervas compradas pela internet (sobretudo as de grandes distribuidores) às vezes chegam na sua casa já sem cor e sem aroma. Mesmo as ervas cultivadas em casa, se não forem armazenadas do modo correto, podem perder a cor e o aroma com muita rapidez. Infelizmente, preciso dizer que essas ervas perderam sua energia e devem ser substituídas.

Para a magia, sempre sugiro usar ervas frescas e desidratá-las de várias maneiras simples, como pendurar num local quente e escuro, em feixes, dentro de sacos de papel, usando um desidratador de alimentos ou um forno de cozinha em baixa temperatura. Se comprar suas ervas, sempre opte por pequenos fornecedores confiáveis, que deem detalhes sobre as datas da colheita.

Quando estiver pronta para armazenar suas ervas desidratadas, saiba que o selamento a vácuo as preservará por mais tempo. Na verdade, elas permanecerão boas para uso em tinturas e pomadas por mais de um ano, contanto que não haja exposição ao ar, e por vários anos se for usar na magia. Potes de conserva também funcionam muito bem. Apenas lembre-se de armazená-los num armário, gaveta ou despensa sem luz direta. Se você não tiver uma despensa ou espaço num armário, use frascos âmbar ou latas de aço inoxidável para evitar a exposição à luz. Lembre-se sempre de rotular e datar suas ervas. E por último, evite esfarelar as ervas ao armazená-las, pois isso reduz rapidamente sua potência. Esfarele-as apenas quando for usar.

Como Recarregar e Organizar Cristais e Instrumentos Mágicos

A seguir, apresento várias maneiras de recarregar cristais ou instrumentos mágicos que não foram usados por um tempo, que você acabou de comprar ou que foram redescobertos no fundo de uma gaveta bagunçada.

Água: Você pode eliminar resíduos negativos dos cristais resistentes à água (fortes) lavando-os ou deixando-os de molho na água. Deixe as pedras mergulhadas em água energizada pela Lua ou pelo Sol durante várias horas. Você também pode enxaguá-las sob a torneira por aproximadamente trinta segundos cada.

Arroz: O arroz está associado à prática de feitiços há milhares de anos e é um ingrediente comum em feitiços de proteção. Ele pode absorver energia negativa, por isso colocar seus cristais ou instrumentos no arroz para purificá-los faz todo sentido. Encha uma tigela com arroz e enterre seus itens nos grãos. Deixe-os ali durante a noite. Lembre-se de descartar o arroz quando terminar.

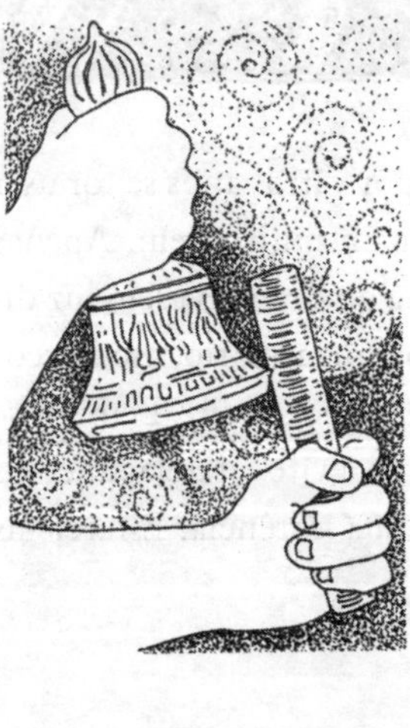

Luz da Lua: Energizar ou purificar suas pedras ou instrumentos à luz da Lua por algumas horas é simples e eficaz. Coloque seus itens numa única camada num local onde os raios possam tocá-los e deixe a Lua purificar as energias negativas e carregá-los energeticamente.

Fumaça: Fazer uma defumação com sálvia, cedro, louro ou outra erva purificadora é uma maneira simples e suave de limpar seus cristais e instrumentos mágicos.

Ao contrário das ervas, os cristais podem durar a vida toda se você cuidar bem deles. E embora fiquem lindos em prateleiras abertas ou numa tigela perto do seu altar, onde o Sol os toca com sua maravilhosa energia revitalizante, muitos cristais podem desbotar, rachar ou ficar quebradiços sob a luz solar direta. Se armazenar seus cristais com segurança em caixas de madeira forradas com feltro ou saquinhos individuais fechados com cordão, isso não apenas ajudará a manter a organização dos seus materiais mágicos, como também preservará a beleza e a viabilidade de suas pedras.

Seus instrumentos mágicos também não correm o risco de acumular resíduos negativos se forem guardados num lugar seguro. Até o momento de usá-los, eu mantenho minhas varinhas e meu athame dentro de uma gaveta, embrulhados num pano. Todos os meus instrumentos de adivinhação ficam guardados numa cesta, dentro de um armário na sala, e são recarregados antes de cada uso.

Como Limpar seu Espaço Mágico ou Despensa

Agora que você tem um suprimento fresco de ervas e seus cristais e instrumentos mágicos estão recarregados, organizados e guardados de maneira segura, é hora de limpar física e energeticamente o seu espaço mágico de trabalho ou sua despensa. Depois de limpar o chão, passe um pano umedecido com o Purificador Mágico pelas superfícies e janelas do seu espaço. Enquanto faz isso, mantenha sua intenção em mente. Comece no canto leste do seu espaço e siga no sentido horário. Quando terminar, espalhe pelo chão a Mistura de Varredura para Purificação. Varra o chão no sentido horário, em direção à entrada, ou use um aspirador. Por fim, acenda o seu incenso purificador favorito e pendure seus elementos protetores favoritos, sinos dos ventos etc.

Purificador Mágico

2 xícaras de água energizada pelos raios da Lua
2 xícaras de vinagre branco
40 gotas de óleo de limão
40 gotas de óleo de sálvia
20 gotas de óleo de lavanda

Mistura de Varredura para Purificação

½ xícara de bicarbonato de sódio
2 colheres de sopa de sálvia desidratada
2 colheres de sopa de botões de lavanda desidratados
2 colheres de sopa de alecrim desidratado

Pode parecer um pouco monótono ficar num espaço mágico onde tudo está guardado em armários e gavetas. No entanto, isso garante que seus instrumentos, cristais e ervas estejam repletos de poder e em locais de fácil acesso, para que você possa se concentrar totalmente em sua prática mágica. Quanto à estética, sugiro que encontre itens em brechós, lojas de artigos esotéricos ou até mesmo em liquidações pós-Halloween, para decorar sua despensa de bruxa. Isso pode incluir feixes secos de ervas, que podem ser trocados a cada ano; varinhas; ossos; pedras e outros ornamentos.

Os filmes e as redes sociais criaram uma bela fantasia em torno da Bruxaria. Mas ela é exatamente isso: uma fantasia. Cabe a nós, como praticantes modernas, desenvolver o nosso poder mágico e manter nossos instrumentos, ervas e cristais em seu melhor estado e sempre energizados.

— Extraído e adaptado de "The Witch's Pantry: Recharge, Restore, and Revitalize Your Magickal Supplies", de Monica Crosson, *Llewellyn's Magical Almanac.*

A Magia do Arco-Íris na sua Vida

Minha amiga Jennifer tinha cabelos cor de arco-íris. Realmente combinavam com ela. Quando éramos mais jovens, ela era loira, mas as mechas coloridas que ela passou a usar mais tarde na vida eram um verdadeiro reflexo da sua personalidade e do seu caminho espiritual e profissional: leitora de tarô, agente de cura com cristais, mestre em reiki. Ela literalmente deixava um rastro de luz por onde passava. Antes de Jennifer e eu nos conhecermos, os arco-íris já faziam parte da minha vida: perseguindo arco-íris, o ouro no final do arco-íris, em algum lugar além do arco-íris... Eu cresci na era do Mágico de Oz, Robin Williams com suspensórios arco-íris e letras em tons de arco-íris nas discotecas.

Infelizmente, Jennifer desenvolveu vários problemas de saúde graves à medida que os anos passavam. Quando ela passou para o Outro Lado, cedo demais, deixou um vazio enorme, preenchido com o brilho que ela trouxe para tudo o que fazia. Agora ela *é* o reiki, e me mostrou isso, literalmente. Eu não gosto muito de voar, mas no dia em que Jen morreu, eu tive que pegar um avião. Pouco depois da decolagem, olhei para fora da janela... e lá estava um arco-íris! Imediatamente, pensei em Jen – como não poderia? À medida que nos distanciávamos do aeroporto, enquanto eu observava, o arco-íris pareceu se alargar e ficar meio borrado, de modo que parecia uma pessoa caminhando ao lado do avião! Eu nunca tinha visto nada parecido antes, e depois, desejei ter tirado o celular da bolsa e sacado uma foto, mas estava absorvida no momento. Tenho certeza de que era Jennifer. Aquilo era a cara dela. E embora esse sinal me informasse que minha amiga sempre estaria comigo, foi ao mesmo tempo alegre e triste, como às vezes é a visão de um arco-íris.

Tenho certeza de que a velocidade com que estávamos viajando, as nuvens, as sombras e a quantidade de umidade e luz no ar podem explicar o que vi do meu assento no avião. Mas o fato de algo poder ser explicado pela ciência não o torna menos um milagre ou uma mensagem. Os rituais e ideias a seguir são uma pequena homenagem à vida e à luz de Jennifer e ao milagre do arco-íris, um símbolo que significa tanto para tantas pessoas. Os arco-íris são pontes que conectam mundos. São uma imagem de alegria e uma cortina de luz. No entanto, quando você escolher invocar a magia do arco-íris, lembre-se de que você é a luz, assim como todos nós somos.

Ponte do Arco-Íris

Costumamos pensar na ponte do arco-íris como aquele caminho nebuloso, mas colorido, que nossos animais de estimação seguem quando vão para a próxima vida – um caminho que tomaremos um dia, quando nos reuniremos com eles. Ela é uma ponte de esperança e de alegre antecipação, um caminho de transição e mudança que traz luz à escuridão. Claro, como diz o ditado, a única constante na vida é a mudança. Construir uma ponte do arco-íris pode ajudar a aliviar a ansiedade de qualquer transição.

Use esta singela arte ritualística para construir uma ponte do seu presente para o que quer que você esteja esperando, manifestando ou desejando alcançar.

Você precisará de:

- ✓ nove pedras lisas, sendo sete delas mais ou menos do mesmo tamanho. As outras duas devem ser maiores, e grandes o suficiente para que você possa escrever pelo menos uma palavra em cada uma com giz;
- ✓ tintas vermelha, laranja, amarela, verde, azul, anil e violeta (use tintas acrílicas opacas);
- ✓ selante para a tinta, se você quiser ou for necessário;
- ✓ giz.

Prepare um espaço para realizar este trabalho fazendo uma limpeza nele antes. O processo de criação deste instrumento de manifestação é tão sagrado quanto o momento em que você for usá-lo! Pinte cada uma das sete pedras menores com uma cor do arco-íris e sele-as, se necessário. A magia do arco-íris é, pelo menos em parte, a magia das cores. Enquanto estiver pintando, visualize cada pedra absorvendo a energia da cor que você está conferindo a ela:

Vermelho: paixão

Laranja: criatividade

Amarelo: positividade

Verde: crescimento e cura

Azul: paz

Anil: misticismo

Violeta: memória

O simbolismo das cores pode ser muito pessoal e carrega significados diferentes dependendo da cultura, das crenças e das experiências individuais. As características apresentadas acima são apenas sugestões. Visualize a energia que essas cores trazem a você!

Quando estiver pronta para realizar este ritual (que pode ser adaptado de acordo com suas necessidades), limpe e purifique o seu espaço novamente e faça uma prática de aterramento. Você pode construir a ponte do arco-íris sobre o seu altar ou num local onde não será perturbada e possa consultá-la quando precisar.

Escreva a palavra "agora" numa das pedras maiores e coloque-a na sua frente, sobre uma superfície plana. Pense a respeito de onde você está no momento presente. Isso pode ser difícil: tente pensar nisso sem

julgamento ou sem racionalizar seus sentimentos. Tente se enxergar como você realmente é.

Em seguida, pense no que você deseja manifestar. Veja em sua mente como se já tivesse acontecido. Se puder, tente não apenas pensar, mas "sentir" como se já tivesse acontecido. Preste atenção ao seu corpo – você relaxou, sentou-se ou ficou um pouco mais ereta? Está menos estressada? Escreva uma palavra que represente essa manifestação na outra pedra e coloque-a na superfície plana, mas a uma certa distância da primeira pedra.

Agora construa a ponte do arco-íris para conectar o presente à manifestação. Uma de cada vez, coloque as pedras do arco-íris na ordem certa (vermelho, laranja, amarelo, verde, azul, anil e violeta), de modo que elas conduzam você da pedra do "presente" para a pedra da "manifestação". Ao colocar cada uma delas no lugar, pense na cor da pedra e no atributo dessa cor; cada uma delas ajudará no processamento das mudanças que devem ocorrer para que você possa ir de um lugar a outro. Por exemplo, o vermelho confere a confiança para avançar com ousadia. O laranja inspira criatividade para resolver os problemas. O amarelo ajuda você a pensar positivamente. O verde promove o crescimento. O azul alivia o estresse. O anil lembra que existem outras forças em ação que você pode não conseguir ver, protegendo e orientando você enquanto avança. E o violeta lembra o quanto você já avançou. Você pode fazer esse trabalho numa única sessão ou pode integrá-lo à magia lunar: comece a construir sua ponte do arco-íris na Lua Nova e coloque uma pedra do arco-íris no lugar a cada dois dias (ou sempre que sentir que é o momento) durante as duas semanas que antecedem a Lua Cheia.

Mantenha a ponte do arco-íris no lugar até que o seu desejo se concretize. Ao desmontar a ponte, faça isso com pensamentos de gratidão. Limpe as pedras com água e sal e guarde-as até que precise usá-las novamente.

Pedras do Arco-Íris

Você pode pintar pedras para se assemelharem a um arco-íris, mas existem pedras e cristais que já têm naturalmente as cores ou inclusões de arco-íris. Carregue uma no bolso ou use-a para ter uma maneira fácil de ter seu próprio arco-íris (e sua magia associada) sempre com você, aonde quer que vá.

Qualidades	Pedras
Intensifica tudo com o que entra em contato, promove a criatividade e visões psíquicas	Opala
Limpa, elimina bloqueios	Quartzo Arco-Íris
Traz equilíbrio, desenvolve a confiança	Pedra da Lua Arco-Íris
Promove a paz e o amor	Abalone
Absorve a negatividade, alivia a dor e o estresse	Obsidiana Arco-Íris
Auxilia na conquista de metas	Bismuto
Reenergiza, propicia cura espiritual	Labradorita
Protetora, alivia traumas	Amonita

Magia para um Dia Chuvoso

Nunca se sabe onde um arco-íris pode aparecer. Na maioria das vezes, eles são uma surpresa agradável – o "sinal" que você estava buscando. Às vezes, o melhor tipo de magia ou ritual acontece de maneira inesperada. Quando a chuva começa a cair, tenha essas ideias em mente para criar magia num instante:

- Faça o seu trabalho mágico, seu ritual de manifestação, sua meditação ou sua afirmação durante uma tempestade e depois diante de um arco-íris, para absorver seu poder.

- Limpe pedras e instrumentos (quando apropriado) na chuva e depois carregue-os com a luz do arco-íris, o que trará tanto energia de luz quanto de cor para tudo o que você colocar em seu campo de visão ou caminho. Você não precisa necessariamente de um arco-íris durante a chuva para ter a luz de um arco-íris. Já olhou através de uma janela e viu uma "sombra" de arco-íris brilhando? Use essa luz para carregar esses objetos!

- Se for prático e seguro, encontre o fim de um arco-íris. Essa é uma experiência mágica, mesmo que seja apenas algo que você possa ver. A primeira vez que vi o final de um arco-íris, eu estava dirigindo por uma estrada de duas pistas, e o arco-íris caía como uma cortina nas duas pistas ao lado da que eu estava. Imagine dirigir por um portal assim!

Que você sempre veja um arco-íris quando precisar!

— Extraído e adaptado de "Rainbow Magic",
de Natalie Zaman, *Llewellyn's Magical Almanac*.

A Magia dos Ovos na Cozinha

Toda família tem histórias que são tanto divertidas quanto embaraçosas para os membros da família. Uma das favoritas da minha família envolve uma criança ruiva e sardenta com a mania de correr feito louca pela casa dos avós maternos, com um biscoito em cada mão. Ao longo do dia, muitos biscoitos passavam por aquelas mãozinhas, sendo depositados pela casa em lugares diferentes.

Talvez minha versão infantil tenha profetizado que eu não herdaria os talentos culinários da minha avó, da minha mãe ou da minha tia sicilianas, e que a única maneira de ter esses presentes em minhas mãos era literalmente roubá-los e escondê-los. É mais provável que eu tenha reconhecido as preciosidades furtivas pelo que eram e, como a maioria dos animais selvagens, quis armazenar meu tesouro para um momento posterior, no caso de sentir fome. Eu ainda não entendia que ter uma avó siciliana tornava essa possibilidade muito, mas muito improvável.

Os Ovos e a Magia

Devido à minha herança familiar, eu sabia que os ovos eram alimentos versáteis, fáceis de encontrar e usar, acessíveis e nutritivos. Ao examinar os livros de receitas herdados da minha avó, ficou claro que eles eram um

ingrediente básico em vários pratos. Mas eu também sabia que os ovos eram mais do que fontes inteligentes de proteína e deliciosas omeletes. Além de serem úteis em diversas receitas, os ovos eram, do ponto de vista histórico e multicultural, ricos em simbolismo e extremamente úteis para manifestar objetivos e intenções mágicas na magia da cozinha.

Do ponto de vista cultural, o ovo representa fertilidade, nova vida, renascimento e ressurreição, criação, abundância e prosperidade. A casca de ovo, em particular, tem propriedades protetoras e funciona como uma barreira contra a negatividade. Embora os ovos estejam certamente associados à primavera, ao festival de Ostara e à Páscoa, o simbolismo perdura durante todo o ano.

Com essas propriedades mágicas em mente, você pode iniciar práticas específicas de Bruxaria na cozinha preparando refeições ou sobremesas mágicas com ovos (escolha uma intenção ou objetivo relacionado às propriedades desse ingrediente) ou criando vários usos interessantes para as cascas dos ovos.

Devido à versatilidade dos ovos e ao fato de muitos pratos assados exigirem pelo menos um ou dois deles, há incontáveis possibilidades de usarmos ovos em receitas mágicas. Além disso, é importante lembrar que você não precisa limitar o significado da palavra "fertilidade" ao sentido literal de conceber uma criança. Considere também os outros sentidos dessa palavra, como criatividade, inovação e novas ideias. Portanto, ao adicionar ovos a um prato, você poderá evocar seu atributo mágico que mais lhe interessa, dizendo: "Este ovo aumentará minhas chances de conceber uma criança" ou "Estes ovos aumentarão minhas habilidades de escrita criativa, e vou escrever pelo menos trinta páginas do meu romance por dia".

Afastar a negatividade e proporcionar proteção à família ou à casa são dois objetivos usados com frequência em receitas mágicas com ovos. Espero que você ache as ideias a seguir tanto saborosas quanto úteis ao criar suas próprias receitas de magia na cozinha.

Receita para Banir a Negatividade

A seguir está a receita dos biscoitos italianos da minha avó, criada no fim dos anos 1960, embora minhas travessuras de acumular biscoitos só tenham ocorrido anos depois. Hoje em dia, você pode ver biscoitos semelhantes com o nome de "*angeletti*", em supermercados ou padarias da Itália, geralmente cobertos com confeitos coloridos. Para os propósitos deste artigo, atualizei a receita original com toques da Bruxaria culinária.

Uma das principais propriedades mágicas do ovo é banir a negatividade, então faz sentido incluir ovos em receitas de magia na cozinha com esse propósito em mente. Para usar ovos na receita de biscoitos da minha avó para banir a negatividade, é importante que o restante dos ingredientes da receita se encaixe no mesmo objetivo mágico, ou pelo menos não seja contrário a ele. A maioria dos ingredientes de receitas tradicionais e modernas tem propriedades mágicas, as quais você pode pesquisar na internet, já que a maior parte das pessoas não tem essa informação memorizada.

Como cada forno tem uma potência diferente, observe que o tempo de cozimento pode variar um pouco. Certifique-se de resfriar a massa

dos biscoitos conforme as instruções antes de assar, pois isso faz uma diferença significativa no resultado!

Como a intenção mágica geral desta receita é banir a negatividade (eliminar ou diminuir algo), é importante mexer o alimento no sentido anti-horário quando necessário.

Biscoitos Italianos para Banir a Negatividade

Para os biscoitos:

4 ovos

2/3 de xícara de óleo de milho (ou de canola)

2/3 de xícara de açúcar granulado

2 colheres de chá de extrato de baunilha

4½ xícaras de farinha de trigo comum

4 colheres de chá de fermento em pó

Para a cobertura:

4 xícaras de açúcar de confeiteiro

½ xícara de leite integral morno

2 colheres de chá de extrato de limão

Preaqueça o forno a 180 °C. Numa tigela grande, bata os ovos, o óleo e o açúcar, até que este se dissolva. Visualize o açúcar proporcionando uma base de amor e carinho à mistura, o óleo oferecendo proteção, e os ovos banindo toda negatividade e estresse da sua vida. Ao adicionar cada ovo, diga:

"Adiciono este ovo para banir a negatividade da vida de todos que comerem estes biscoitos. Assim seja."

Adicione o aroma de baunilha e imagine a baunilha liberando o estresse e restaurando a energia perdida.

Peneire a farinha e o fermento em pó juntos. Adicione-os à mistura de ovos aos poucos até obter uma massa macia e suave. Quando a massa não grudar mais na tigela, cubra a mistura e coloque na geladeira por cerca de 1 hora. Aproveite esse tempo para relaxar, meditar ou se concentrar em liberar a negatividade de todas as áreas da sua vida.

Unte e enfarinhe uma assadeira. Usando uma colher de sopa, forme pequenas bolas com a massa. Coloque as bolas na assadeira, deixando cerca de um centímetro de distância entre elas e asse por 15 a 20 minutos, ou até dourar bem.

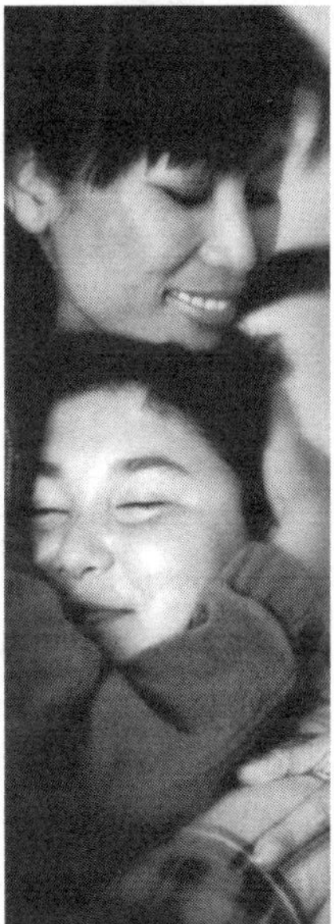

Prepare uma cobertura branca com açúcar de confeiteiro e leite morno. Novamente, imagine o açúcar infundindo amor e carinho, e visualize o leite proporcionando proteção.

Adicione o chá de extrato de limão. Enquanto combina esses ingredientes para fazer a cobertura, reconheça as partes separadas de si mesma (positivas e negativas) que a tornam um ser único. Liberte qualquer parte sua que não sirva mais a você.

Mergulhe levemente a parte superior de cada biscoito na cobertura e reserve até secar. Inspire o aroma reconfortante dos biscoitos e permita que eles a preencham de esperança e alegria. Saiba que você ou qualquer pessoa que comer esses biscoitos se sentirá segura e livre de negatividade.

Mais Algumas Dicas Mágicas

Com qualquer receita, é importante que você se concentre na sua intenção mágica durante o tempo em que o prato estiver cozinhando ou assando, como se o resultado da magia já tivesse acontecido. Embora nem sempre seja possível, saiba que seu alto astral produzirá melhores resultados. Evite praticar magia na cozinha quando estiver chateada, pois seu estado de espírito pode afetar o resultado do prato e do feitiço. E lembre-se de que as emoções e energias que você irradia para esses pratos serão transferidas para aqueles que você alimenta.

Usei alguns utensílios da minha avó (colheres de pau, xícaras de medição) para fazer os biscoitos *angeletti*, aumentando assim meu sentimento de conexão com ela enquanto os preparava. Se estiver trabalhando com um objetivo mágico e achar que pode usar uma infusão de energia ancestral, considere a possibilidade de selecionar uma receita de família da sua preferência ou de um livro de receitas que pertença à família. Você pode optar por "modernizar" alguns dos outros ingredientes (por exemplo, substituir a banha por algo mais saudável para o coração) ou o tamanho das porções (como na receita de biscoitos deste artigo), mas a conexão que você sentirá com sua árvore genealógica será igualmente forte.

Você pode incorporar as propriedades mágicas dos ovos, mesmo que suas receitas não levem ovos ou você não coma nada de origem animal. Não é muito difícil encontrar itens em forma de ovo, especialmente do tipo metafísico, como cristais e pedras de formato ovoide, que você pode colocar na cozinha ou por toda a casa. Você pode usar ao longo do ano panos de prato, utensílios de cozinha ou outros itens relacionados às refeições decorados com ovos para incluir os temas dos ovos em sua casa e em sua vida diária.

— Extraído e adaptado de "Eggs in Kitchen Magic", de Mireille Blacke, *Llewellyn's Magical Almanac.*

Abençoe os seus Remédios

Eu sou uma Bruxa. Eu lanço feitiços, falo com os animais e leio tarô; também convivo com problemas de saúde para os quais tomo vários medicamentos. Eu vivencio tanto o lado físico quanto espiritual da minha depressão e da minha ansiedade. Por isso, abençoo meus medicamentos para que eles tratem ambos os lados. Fazer isso parece uma extensão natural da minha crença na ciência e na magia. Os dois podem trabalhar juntos, em harmonia, para abarcar a totalidade de uma pessoa.

É importante entender que a magia não substitui a medicina moderna. Cada uma lida com um aspecto específico da doença. A magia lida com os sintomas metafísicos e espirituais. A medicina cuida da causa física. Todas as informações a seguir devem ser usadas em conjunto com a ingestão dos medicamentos.

Qualquer medicamento pode ser abençoado, desde analgésicos de venda livre até medicamentos de quimioterapia. Medicamentos que você toma apenas de vez em quando (analgésicos, remédios para alergias etc.) podem ser abençoados verbalmente. Um simples "Faça efeito rápido para aliviar essa dor" ao tomar uma aspirina para uma dor de cabeça muitas vezes é eficaz em vários níveis. A bênção lembra ao analgésico qual é o seu propósito: ela afirma, em voz alta, que a dor

desaparecerá, e prepara o seu próprio corpo para o alívio da dor.

Você pode partir para coisas mais elaboradas, como escrever sigilos em seus frascos de remédio ou realizar rituais astrológicos sofisticados. Usando uma caneta ou marcador azul, escreva uma runa como Sowilo ou Uruz para cura e saúde, ou Elhaz ou Ingwaz para proteção. Você também pode criar uma ou duas *bindrunes* (símbolo que combina duas ou mais runas em uma única figura) para marcar seus medicamentos. Se você estiver enfrentando uma depressão ou outros problemas de saúde mental, use uma caneta amarela, e se o seu medicamento for para fertilidade ou questões reprodutivas, use verde. Em vez de uma runa, você também pode criar um sigilo. Faça um a partir da frase "Eu estou saudável" ou "Eu estou bem" ou alguma outra afirmação.

Cristais, vindos da terra, têm conexões fortes com a magia de cura. A prática de carregar cristais com intenções de cura e então colocá-los perto de seus medicamentos ajudará a abençoá-los. Mantenha os cristais limpos e recarregue-os de vez em quando para manter a energia fluindo. Entre os cristais que são adequados para esse trabalho estão os seguintes:

- Ametista para ansiedade, depressão e outros problemas de saúde mental.
- Cornalina para problemas de fertilidade.
- Granada para ajudar a regular ciclos menstruais e para distúrbios reprodutivos.
- Hematita para problemas no sangue.
- Jasper para qualquer coisa relacionada ao câncer.
- Quartzo como uma pedra de cura geral para todos os propósitos.

Ervas de cura podem ser usadas não apenas para combater os sintomas da doença (como beber um chá de tomilho para aliviar a dor de garganta), mas também para abençoar os medicamentos. Saquinhos de feitiço recheados com ervas de cura, como a pimenta-da-jamaica, a canela, as amêndoas e a cevada, podem ser colocadas na gaveta onde você guarda seus remédios. O algodão também tem propriedades de cura, então uma bola de algodão umedecida com algumas gotas de óleo essencial de eucalipto, lavanda ou hortelã pode cumprir o mesmo propósito. Além disso, você pode queimar incenso de mirra e passar seus medicamentos pela fumaça para abençoá-los e adicionar as propriedades de cura da erva a eles.

Não se restrinja às ervas e aos cristais, no entanto. Bonecos foram usados por séculos na magia de cura. Você pode facilmente fazer um de feltro verde. Em vez de recheá-lo, coloque seu remédio dentro do boneco quando não estiver usando. Ou faça um bolso no boneco para que possa guardar ali seus frascos de comprimidos. O boneco guarda o remédio com segurança e contribui com suas energias protetoras para a sua cura.

O Sol está associado à saúde e à cura, então faça todos os rituais de bênçãos durante o dia. Rituais realizados de manhã com o Sol nascendo são para aumentar a saúde, ao meio-dia para manter a saúde e à tarde para diminuir doenças e enfermidades. Essa informação é especialmente útil se você quer carregar cristais, ervas ou seus medicamentos. Colocá-los à luz do Sol por apenas alguns minutos pode carregá-los com as energias de cura desse astro.

Não se esqueça de seus ancestrais. Talvez você tenha médicos e curandeiros entre seus parentes. Talvez sua linha ancestral tenha uma cultura de medicina herbal e espiritual. Você pode evocá-los para ajudar a abençoar

seus medicamentos modernos. Se você não souber de alguém em sua família que teve uma conexão com a cura ou se estiver afastada da sua linhagem familiar, você pode recorrer a divindades, anjos ou seus mentores.

Quase todo panteão tem uma divindade associada à cura ou à medicina. Reserve um tempo para identificar esse deus ou deusa em sua própria prática e conheça-os. Você pode montar um pequeno altar em seu armário de remédios, com uma imagem da divindade atrás ou ao lado de seus medicamentos. Isso a manterá na sua mente quando você estiver pegando seus medicamentos.

A seguir, apresento uma breve lista, não exaustiva, de divindades de várias culturas e caminhos religiosos. Se decidir trabalhar com alguma delas, faça sua lição de casa e pesquise sobre elas, especialmente se vierem de uma cultura diferente da sua. Leia mitos ou lendas relacionados a elas e descubra o máximo possível sobre seu culto, seus símbolos e suas correspondências.

Em resumo, comece a cultivar um relacionamento com a divindade. Ela é quem você vai chamar para abençoar seus medicamentos, então é recomendável mostrar respeito por ela, conhecendo-a antes de mais nada.

- Airmed, deusa irlandesa da cura
- Apolo, deus grego da cura
- Bao Sheng Da Di, deus chinês da cura
- Caboyaran e Akasi, dois de vários deuses da cura encontrados nas religiões das Filipinas
- Eir, deusa nórdica da cura
- Ixtlilton, deus asteca da medicina
- Sekhmet, deusa egípcia da cura e medicina

Por fim, pense na possibilidade de utilizar seus frascos de comprimidos vazios para auxiliar a sua saúde. Eles podem ser usados para feitiços em potes, preenchidos com cristais, ervas e outros itens e depois colocados no banheiro. Sempre que notar o frasco, dê uma boa sacudida e diga: "Meu corpo, minha mente e meu espírito estão se curando".

Como Bruxas, sabemos que há alguns problemas que precisam ser abordados de várias maneiras. O corpo humano é um sistema complexo composto de elementos físicos, metafísicos, mentais e espirituais, entre outros. A medicina moderna se concentra no lado físico da doença, que é uma parte importante da equação. Usando nossa magia, podemos preencher as lacunas e tratar os outros aspectos de nós mesmos que são afetados pela doença.

— Extraído e adaptado de "Bless your Meds", de Raechel Henderson, *Llewellyn's Magical Almanac*.

Breve Guia de Campo para Bruxas e Praticantes de Hoodoo

Para quem pratica Hoodoo (magia afro-americana), magia natural ou qualquer outro tipo de magia ligada à natureza, este provavelmente será o guia de campo mais instigante que você encontrará, pois ele vai inspirá-la a explorar campos, florestas, pedreiras... a fim de obter itens mágicos.

Não há nada mais satisfatório do que ir à caça de itens que chamamos de "curiosidades" ou "cúrios", termos que utilizamos no Hoodoo para designar os ingredientes utilizados em feitiços, rituais, preparo de poções ou mesmo banhos e óleos mágicos. Para isso, é necessário levar em consideração algumas informações que, com a prática, concluí que são importantes, visto que moro às margens da floresta amazônica e sempre saio em busca de matérias diversas para preparar ou confeccionar algum tipo de produto especial para a minha loja, a Casa de Hoodoo.

É importante se planejar para sair em busca de elementos naturais, pensar no que quer encontrar, mas se preparar para encontrar o inesperado. Antes de sair de casa, por exemplo, sempre levo em consideração o clima. Prefiro os dias ensolarados, pois muitas desses cúrios que recolho precisam estar secos para serem armazenados.

Pedras Magnéticas

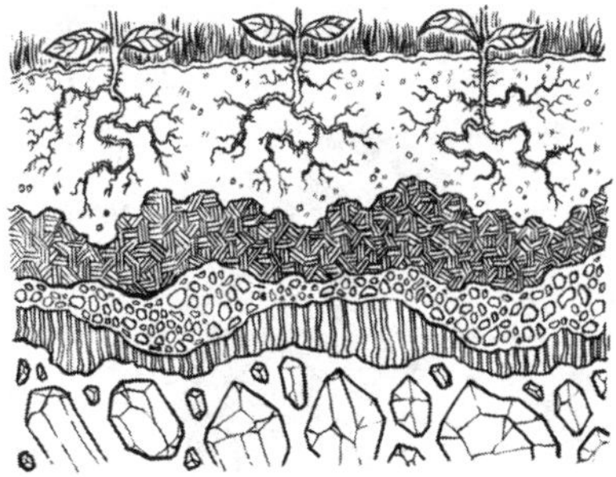

Um dos itens que você pode buscar na natureza são as pedras magnéticas. No Hoodoo, elas são muito utilizadas para atrair energias positivas, dinheiro, prosperidade, sucesso etc. Quando as carregamos conosco, elas também podem atrair a afeição de outras pessoas e as bênçãos dos céus.

Você encontra esse tipo de pedra geralmente entre outras pedras brutas, em grandes pedreiras ou locais onde há elevada concentração de pedregulhos. Para achá-las você precisará de um ímã. Basta aproximá-lo das pedras e ver qual será atraída pelo magnetismo dele. A pedra que for atraída é uma pedra magnética.

Aproveite o momento em que você estiver em busca de pedras magnéticas para procurar também cristais de rocha, que são muito utilizados para energizar a água. Você poderá usá-los em seus banhos de ervas, para equilibrar e harmonizar os seus três corpos (o mental, o físico e o espiritual), elevar sua autoconfiança e fortalecer sua fé.

Quando chegar em casa, lave bem as pedras com água e sabão, deixe-as ao sol para secar e depois coloque-as numa vasilha junto com uma selenita, que é uma pedra poderosíssima, com propriedades de purificação e limpeza de energias densas.

Ervas e Plantas do Campo

Boa parte das plantas, ervas e raízes que você encontra na natureza são utilizadas no Hoodoo para o preparo de banhos, escalda-pés, lavagens de chão ou óleos mágicos. Estamos tão acostumados a utilizar ervas desidratadas encontradas em lojas de chá ou de artigos esotéricos que nos esquecemos das ervas mágicas que nascem no nosso próprio quintal.

Existem vários aplicativos que você pode utilizar para identificar plantas, arbustos e até ervas daninhas utilizadas em magia. Na loja de aplicativos do seu celular, digite "identificador de plantas" e teste vários para encontrar aquele que mais se adapta à região em que você mora; ele será muito útil.

Para preparar alguns óleos mágicos e banhos de ervas, são necessárias certas ervas que nem sempre encontramos em lojas de chá ou lojas esotéricas, por isso sair em busca delas na natureza ou no seu quintal é a única solução.

Também é muito importante consultar obras que a ajudem a conhecer melhor as ervas. Escrevi um livro recentemente sobre a utilização de ervas na magia e no Hoodoo cujo título é *O Livro de Ervas dos Povos Negros e do Hoodoo*. Levei alguns anos escrevendo e nele incluí muitas coisas que aprendi com os povos indígenas sobre ervas, e preparo e manutenção de canteiros de plantas.

Veja a seguir algumas ervas, frutos, raízes e folhas que você poderá coletar nas suas buscas:

Açafrão: para o amor, favorece as paixões.

Alecrim: para expulsar o mal, para cura, sorte e limpeza espiritual.

Casca de alho: para banimento e afastar pessoas inconvenientes e indesejadas.

Amor-perfeito: para feitiços de amor e para adivinhação.

Amora: para atrair dinheiro, para cura e para afastar espíritos.

Arruda: para afastar pessoas e coisas ruins, remover o mau-olhado e a inveja.

Babosa: promove proteção e favorece a obtenção de tudo o que se deseja.

Bambu: para quebrar feitiços, exorcizar o mal, dar proteção e sorte.

Beldroega: para felicidade e amor.

Cacto: para banimento do mal e proteção do lar.

Cajueiro: para realizar desejos, pois tem propriedades parecidas com as das folhas de louro.

Coisas Estranhas Encontradas por Aí

A magia para nós, bruxos e praticantes de Hoodoo, é algo energético e simbólico, de modo que uma concha encontrada na praia pode ter um verdadeiro "mar" de significados e ser muito útil na magia. O conhecimento que o praticante de magia tem a respeito da simbologia dos "cúrios" dará mais poder aos seus feitiços, amuletos, garrafadas etc., pois quanto mais significado, mais poder haverá em sua magia. Vou exemplificar isso usando a concha do mar, que sofre a influência da Lua e dos oceanos.

A Lua exerce um poder oculto sobre todos nós; ela atrai e repele os mares e oceanos, por consequência faz o mesmo com as águas do nosso corpo. Assim como exerce uma influência constante sobre o nosso mundo, a Lua também exerce uma influência constante sobre nós.

As conchas representam o trabalho laborioso, a segurança, a proteção e o equilíbrio mental. Nela está contida a força dos oceanos, a maleabilidade da água e o magnetismo da Lua. Elas podem exercer uma influência poderosa sobre qualquer pessoa que queira equilibrar suas emoções, pois estão ligadas ao elemento Água, mas são mais poderosas ainda para aquelas pessoas que têm um signo de Água (Peixes, Escorpião ou Câncer) numa posição importante em seu mapa astrológico, seja a Lua, o Signo Solar ou o Ascendente.

Para pessoas que sentem a mente confusa e os pensamentos tumultuados, ou que têm a impressão de que a cabeça "está aberta", que não conseguem se concentrar, ou que têm dificuldade para tomar decisões, usar uma concha em forma de pingente pode ser algo transformador.

Não há necessidade de consagração ou mesmo conjuração, pois como uma joia que foi produzida pelo mar, ela esteve em contato com o sal desde sua origem, e o sal tem o poder de neutralizar qualquer tipo de influência externa. Basta que a concha fique dentro do seu campo energético, para externar o seu poder e irradiar seus dons e características mágicas.

Mas no universo do Hoodoo, tudo pode ser utilizado em magia:

Ossos de galinha: para dar sorte.

Dentes: para dar proteção.

Cigarras: para fazer um assunto ganhar destaque.

Açúcar: para adoçar uma pessoa.

Moedas: para atrair dinheiro.

Pirita: para dar sorte nos jogos.

Agora que você é uma Bruxa Conjure Exploradora, pode criar seus próprios feitiços com os elementos que coletou ou vai coletar. Veja a seguir três práticas magicas para o dia a dia, que você pode fazer.

Feitiço de Atração para Prosperidade

Você precisará de:

- ✓ 1 pedra magnética
- ✓ açúcar
- ✓ 1 moeda

Primeiro você deve providenciar uma pedra magnética ou encontrar uma utilizando um ímã.

Lave a pedra, deixe-a secar ao sol e purifique-a com uma selenita.

Coloque a pedra magnética num prato, polvilhe açúcar ao redor dela e coloque a moeda ao lado.

Encante seu feitiço assim:

"Pedra magnética, atraia para mim prosperidade e riqueza. Que o açúcar adoce minha vida financeira e que esta moeda multiplique em minhas mãos.
Que assim seja!"

Deixe o prato em algum local da casa, para que o feitiço sirva como um ímã para o dinheiro e a prosperidade.

Banho de Purificação e Proteção

Você precisará de:
✓ folhas de arruda
✓ folhas de alecrim
✓ 1 cristal de rocha
✓ água

Ferva dois litros de água e adicione as folhas de arruda e de alecrim. Deixe em infusão por 15 minutos.

Coloque um cristal de rocha em água limpa para energizá-la.

Coe a infusão e adicione um litro de água para amorná-la.

Tome um banho e depois derrame a infusão sobre seu corpo, lavando o corpo todo, inclusive a cabeça, e mentalizando as energias negativas saindo do seu corpo e descendo pelo ralo.

Deixe que a água da infusão seque em seu corpo; depois de seco, se quiser tome um banho normal de água e sabão, para remover os vestígios do banho de ervas.

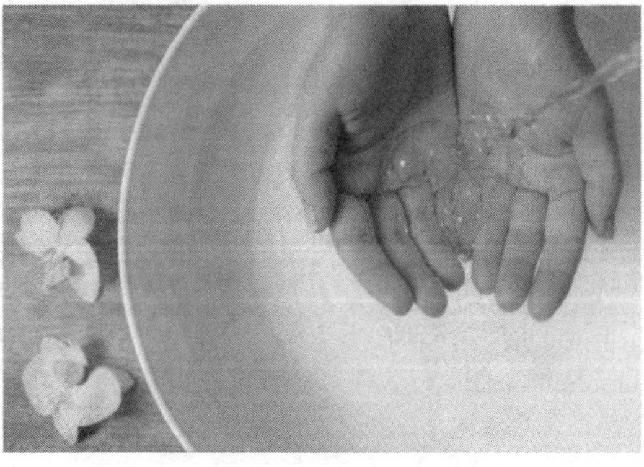

Talismã de Concha do Mar para Proteção e Equilíbrio Mental

Você precisará de:

- ✓ 1 concha do mar
- ✓ 1 corrente ou cordão
- ✓ 1 cristal de selenita

Encontre uma concha do mar e lave-a com a água do mar ou água salgada.

Faça um furinho na concha e passe um cordão ou corrente por ela, transformando-a num pingente.

Segure a concha na mão e diga:

"Concha do mar, com a força dos oceanos e a energia da Lua,
traga equilíbrio e clareza para minha mente e minhas emoções.
Me dê proteção, segurança e bem-estar. Que assim seja!"

Use a concha como pingente, mantendo-a perto do seu campo energético.

Quando não estiver usando, guarde-a com um cristal de selenita para manter sua energia purificada.

Ir a campo coletar materiais mágicos é uma experiência enriquecedora; organizá-los e tê-los à mão sempre que preciso nos traz segurança e estabilidade, mas fazer os próprios feitiços, banhos e amuletos com aquilo que a natureza nos presenteia, sem sombra de dúvida, é algo capaz de aquecer nosso coração e fortalecer nossa fé.

Sempre que possível se aventure na natureza, forme seu arsenal de itens naturais e mágicos, e continue sendo uma boa bruxa!

— Kefron Primeiro, praticante de Hoodoo e Vodu, professor de Cultura Afro-Americana, psicoterapeuta e terapeuta holístico integrativo. Autor do site Hoodoo Tradicional – Brasil Conjure (www.brasilconjure.com) e dono da loja virtual Casa de Hoodoo (www.casadehoodoo.com).

Como Criar uma Prática Devocional Personalizada

Na minha prática de magia, eu considero os feitiços e a devoção como coisas muito diferentes. A magia é um instrumento – uma tecnologia, se preferir. Posso usá-la para manifestar meus desejos e ajudar as pessoas a terem sucesso na vida. Mas é apenas durante o meu trabalho devocional que me conecto aos deuses e espíritos que reverencio. É por isso que ele é profundamente pessoal e evolui à medida que me desenvolvo em meu caminho espiritual.

O trabalho devocional pode ser composto de orações, oferendas, adoração, dança extática e muitas outras coisas. Ele não tem fórmulas prontas, como os feitiços, pois é mais livre. E mais importante ainda: trata-se da nossa maneira de comungar com forças que são maiores do que nós, honrar essas forças e cultivar relacionamentos profundos e significativos com elas, sejam deuses, ancestrais, anjos, mentores, fadas, elementais... a lista é infinita. De todas as minhas práticas, o trabalho devocional é a coisa que mais impulsionou meu crescimento espiritual e faz com que eu me sinta conectada a algo maior.

Passo a Passo para Criar a sua Prática Devocional

A questão aqui é que não posso fornecer uma fórmula pronta para o trabalho devocional. As práticas devocionais são pessoais, por isso é você que tem de descobrir o que funciona melhor no seu caso. O que posso oferecer são algumas dicas que a ajudarão a desenvolver sua própria prática.

Por exemplo, descobri que, ao criar qualquer tipo de prática, vale a pena dividi-la em etapas. Pense nisso como uma fórmula mágica que a ajudará na criação da sua prática. A ideia de criar algo completamente novo, adaptado às suas necessidades, pode parecer muito trabalhosa no início. Mas esses passos lhe darão um bom ponto de partida para usar a criatividade e pensar sobre as suas necessidades pessoais.

PASSO 1: Com Quem Você Quer Se Conectar?

O foco do trabalho devocional é comungar, reverenciar ou desenvolver uma conexão com uma força fora de você. As divindades muitas vezes têm muitos rostos, epítetos ou aspectos. Com qual aspecto você deseja se conectar? Você também pode querer incorporar idiomas, objetos ou oferendas que estejam relacionados à cultura dessa divindade. Essas considerações podem mudar o local, o horário ou a maneira como você realiza a devoção. Se eu quero fazer um trabalho devocional porque desejo ser uma pessoa mais centrada, posso escolher uma divindade ou aspecto dessa divindade que incorpore isso. No entanto, fique atenta, pois talvez nem todos os aspectos dessa divindade incorporem essa qualidade.

PASSO 2: Qual É o seu Objetivo?

Pense no seu objetivo. Você quer desenvolver um relacionamento mais próximo com uma determinada divindade? Deseja cultivar uma certa qualidade ou habilidade? Sintonizar suas energias com o Divino? Se preparar para um dia de trabalho ou apenas ter uma conversa sincera com a divindade enquanto toma um cafezinho pela manhã? Os objetivos das pessoas são diversos. Eles provavelmente também mudam em diferentes etapas da vida.

PASSO 3: Como Você Quer Se Sentir com a sua Prática?

Pensar em como você quer se sentir com a prática devocional é talvez o passo mais importante de todos. Eu quero sentir reverência pela divindade? Quero me sentir purificada, energizada ou enlevada? Depois de ter uma ideia de como quer que sua prática devocional seja e se dispor a segui-la diariamente, reserve um tempo após a prática para perceber como se sente. Melhor? Pior? Cheia de energia ou esgotada? O modo como me sinto após minhas práticas devocionais geralmente é o fator que me faz persistir nelas ou mudar para algo diferente. No passado, eu experimentava práticas devocionais sugeridas por outras pessoas e não entendia por que não sentia muita coisa depois. Não era como se eu estivesse fazendo algo errado; simplesmente não era a prática para mim. Não me dava a sensação que eu estava procurando, então mudei minhas práticas para algo que tivesse mais a ver comigo.

PASSO 4: Quanto Tempo Você Tem?

Seja realista sobre quanto tempo você tem para o trabalho devocional. Você não é uma Bruxa ruim se só tiver cinco minutos por dia ou um dia por semana para fazer sua prática. Comprometa-se com algo que se encaixe em sua agenda. Você é uma pessoa que não gosta de acordar cedo?

Então, não tente fazer sua devoção pela manhã! Só tem alguns minutos no carro enquanto está estacionado prestes a entrar no trabalho? Isso é totalmente aceitável! Metas irreais sempre falham.

PASSO 5: Você Precisa de Algum Objeto para Fazer a Prática? Ele Custará Algo?

O ideal é que você só precise de si mesma para realizar a sua prática devocional, mas incenso, oferendas e outros recursos podem se tornar parte da sua devoção. Reflita se é fácil encontrá-los na sua região. Quanto eles custam (se custarem alguma coisa)? Você pode arcar com esse custo? Pense no propósito desses objetos e se podem ser substituídos por algo que seja de graça.

Para lhe dar uma ideia de como seguir esses passos, vou fazer um resumo da prática devocional que elaborei com base nessas orientações. Meu objetivo era criar uma conexão mais profunda com Hécate e me sentir purificada e centrada depois. Também queria que a minha devoção fosse fundamentada em algo familiar, que, nesse caso, era o Ritual Menor de Banimento do Pentagrama (RMBP).

O RMBP é utilizado na magia cerimonial e emprega os nomes hebraicos de Deus e os nomes dos anjos. É um ritual excelente para limpar um espaço e para aumentar a sensação de centramento, mas também optei por ele porque era algo que eu usava com frequência e com que me sentia confortável. Além disso, a ideia de pegar algo antigo e transformá-lo numa prática nova me parecia fascinante. Eu também queria algo simples, que pudesse executar com um athame (faca ritual) ou com as mãos nuas.

Quanto ao horário, optei por fazê-la à noite, assim que chegava em casa. Não sou uma pessoa matinal. Em relação à frequência, decidi fazer três vezes por semana, pois era viável para minha agenda e um número ligado à Hécate. Essa também não é a primeira versão dessa prática devocional. Experimentei a versão original (escrita por mim) durante um mês, observei o que parecia estar funcionando e o que não estava, e então fiz ajustes. Depois de mais um mês testando a minha nova versão, encontrei outras coisas que decidi mudar. Precisei de um tempo para acertar tudo, e se você experimentar essa prática, pode encontrar outras coisas para mudar e torná-la adequada para você. Não desanime se sua prática devocional não parecer perfeita de imediato. Experimente outras coisas, faça anotações, providencie ajustes e divirta-se com o processo!

— Extraído e adaptado de "Crafting a Personal Devotional Practice", de Stephanie Woodfield, *Llewellyn's Magical Almanac.*

Farmácia Astrológica para Tempos Difíceis

Embora eu seja astróloga há mais de trinta anos e a simbologia rica da Lua, dos planetas e das estrelas tenha sido meu primeiro amor, a fitoterapia se encaixa naturalmente na minha prática. Ao longo dos anos, estudei com alguns professores maravilhosos de fitoterapia, mas grande parte do que aprendi foi por meio de estudo independente, cultivando e conhecendo as plantas, e fazendo minhas próprias tinturas e chás.

Talvez a coisa mais valiosa que eu tenha aprendido é que os nossos aliados vegetais podem oferecer um suporte benéfico quando alguém está enfrentando um trânsito mais problemático em seu mapa astral. A fitoterapia também pode nos ajudar a lidar com os temas e sentimentos que muitas vezes acompanham trânsitos mundiais estressantes.

O Que É um Trânsito?

Existem dois tipos de trânsito: os trânsitos pessoais (que ocorrem no seu mapa astral) e os trânsitos mundiais (coletivos). Você saberá quando há um trânsito mundial acontecendo porque todos os astrólogos e bruxos estarão falando sobre isso nas redes sociais. Mas para identificar as datas em que você estará vivenciando trânsitos significativos no seu mapa astral, você pode usar um aplicativo de Astrologia que faça os cálculos dos trânsitos, como o Time Passages, ou agendar uma consulta com um astrólogo.

Nem Todos os Trânsitos São Iguais

Trânsitos estão acontecendo no mundo e na nossa vida o tempo todo. Alguns são praticamente insignificantes, enquanto outros são intensos e transformadores. Em geral, se o planeta que está fazendo o trânsito for um planeta exterior (Saturno, Urano, Netuno ou Plutão), nós o sentimos. Quando um planeta externo faz trânsito por um planeta ou ângulo importante (por exemplo, o Ascendente) em nosso mapa astral, esse movimento pode durar até dois anos. Nos trânsitos mundiais, também é preciso dar uma olhada nos planetas exteriores para se ter uma ideia da energia arquetípica que está se desdobrando no cenário mundial.

Se um dos planetas exteriores estiver fazendo trânsito por um planeta ou ponto em seu mapa astral, ou se estiver fazendo parte de um trânsito mundial, aqui estão alguns dos temas que podem surgir, juntamente com alguns aliados vegetais úteis. As orientações a seguir em geral se aplicam aos

aspectos mais difíceis (a quadratura, a oposição e algumas conjunções). E embora alguns trânsitos dos planetas exteriores também possam trazer dádivas, é durante os momentos difíceis que muitas vezes buscamos apoio.

Embora todos os aliados vegetais listados aqui possam ser encontrados na maioria das lojas de alimentos naturais e na internet, consulte seu profissional de saúde para saber se uma determinada erva é adequada para você.

Remédios para Tempos de Saturno

Se você tiver um trânsito de Saturno no horizonte, esteja preparada para uma avaliação da realidade. O planeta conhecido como o Senhor Karma pode trazer depressão, melancolia e um descontentamento existencial em seu rastro. Durante um trânsito de Saturno, não é incomum que sintamos surtos de solidão, frustração ou sobrecarga. Você pode se sentir entre a cruz e a espada, enfrentando limitações, bloqueios ou becos sem saída. Você pode se sentir exausta e estar mais suscetível a resfriados. Seja qual for o cenário, não é incomum se sentir deslocada, rejeitada, sozinha, frágil, reclusa, sobrecarregada ou mais séria do que o habitual. A medicina de Saturno nos ensina a causa e o efeito de se viver num corpo físico. Ela incorpora a maneira como consciente ou inconscientemente estruturamos a nossa vida.

O suporte herbal para tempos de Saturno pode incluir a erva-de-são-joão, que demonstrou ser útil contra a depressão leve, mas pode ter efeitos colaterais consideráveis ao ser usada com outros medicamentos antidepressivos. Consulte seu médico antes de tomar a erva-de-são-joão. As esquisandras, frutos de uma planta do gênero Schisandra, podem ajudar na fadiga mental, comum nos trânsitos de Saturno, e também aumentar a vitalidade. O ginseng, a rodiola (nome popular da *Rhodiola rosea*) e a maca-peruana podem ajudar a aumentar seus níveis de energia e a combater a fadiga e a confusão mental. A erva-cidreira e a damiana (*Turnera diffusa*) podem ser aliados benéficos para elevar o seu humor durante trânsitos de Saturno.

Remédios para Tempos de Urano

Os tempos de Urano são conhecidos por trazerem surpresas e notícias repentinas, tumulto e imprevistos. Embora a mudança que, com frequência, acompanha os trânsitos de Urano também possa trazer avanços e novas oportunidades, às vezes está associada a choques ou crises. Durante um trânsito difícil de Urano, não é incomum vivenciar períodos de exaustão nervosa, ansiedade, inquietação e insônia. A medicina de Urano nos ensina que a mudança é necessária para continuarmos crescendo.

Aliados vegetais para os trânsitos de Urano incluem as ervas que apoiam o sistema nervoso, promovem relaxamento, aliviam a ansiedade, acalmam o pensamento obsessivo e os ataques de pânico e amenizam situações agudas. Elas também podem ser benéficas se tomadas antes de ir para a cama, se você estiver com dificuldade para dormir. Algumas plantas relaxantes úteis incluem a aveia verde (partes verdes da planta), a passiflora (*Passiflora incarnata*), a escutelária (*Scutellaria galericulata* ou *skullcap*, nome pelo qual ela também é conhecida na fitoterapia) e a betônica (*Bethonica officinalis*).

Outros aliados que podem ajudar durante trânsitos de Urano altamente estressantes são os adaptógenos, ervas e cogumelos que podem equilibrar o corpo e ajudar a lidar com o estresse mental, emocional e físico a longo prazo. Eles podem ser consumidos diariamente como tônico em forma de chá e incluem a *ashwagandha* (*Withania somnifera*), o manjericão-santo ou o tulsi (*Ocimum sanctum*), o *reishi* (o chamado "cogumelo da imortalidade"), o cogumelo juba-de-leão, e o fungo *cordyceps* (*Ophiocordyceps sinensis*), entre outros. A vitamina B12 e o magnésio também podem ser benéficos para a exaustão nervosa que frequentemente acompanha os trânsitos de Urano.

Remédios para Tempos de Netuno

Durante um trânsito de Netuno, as coisas podem não ser exatamente como parecem. Esses trânsitos podem trazer confusão, desilusão e projeção (podemos ver alguém ou algo como queremos ver, não necessariamente como é). Podemos nos sentir emotivas e mais sensíveis do que o habitual. Podemos ansiar por escapar das bordas rígidas da realidade. Durante os trânsitos de Netuno, nossa percepção pode estar temporariamente distorcida. Podemos perder o foco, sentir tédio ou angústia existencial, ou nos sentir perdidas numa névoa. A medicina de Netuno nos ensina sobre a entrega, sobre nos conectarmos com um sentido transcendente do sagrado e trazer mais significado para a nossa vida. Durante os trânsitos de Netuno, podemos nos sentir vulneráveis e ter a vontade de nos isolar, descansar e reabastecer nossas baterias.

Se você tiver um trânsito de Netuno a caminho, pode abastecer sua farmácia pessoal com dois tipos diferentes de aliados. Em alguns momentos, será apropriado criar espaço para se render, se soltar, sonhar e aparar as arestas. Em outros momentos, será importante focar, encarar a realidade e dissipar a névoa. Para os momentos de sonhar e de aparar as arestas, você pode explorar as qualidades calmantes e sedativas da alface, da camomila, da lavanda, da agripalma (*Leonurus cardiaca*) e da raiz de valeriana. O chá de pétalas de rosa tem uma qualidade suave e revigorante que pode ser útil para aliviar a tristeza. Você também pode acrescentar pétalas de rosa à água do banho. Para os momentos em que precisar de mais foco para dissipar a névoa, experimente hortelã-pimenta, alecrim, guaraná, *Centella asiatica* ou ginseng.

Remédios para Tempos de Plutão

Se você tiver um trânsito significativo de Plutão a caminho, esteja preparada para um encontro com a sua Sombra, que pode trazer catarse e uma transformação profunda em seu rastro. Trânsitos difíceis de Plutão são às vezes acompanhados por términos e luto. Seja qual for a especificidade, os tempos de Plutão podem ser intensos e podem nos colocar em contato com pessoas e situações extremas, drama e lutas de poder.

Entre as plantas e ervas que podem nos dar apoio durante o pesar que pode surgir durante os trânsitos de Plutão está a planta-cadáver (*Monotropa uniflora*) colhida de forma sustentável, que pode nos ajudar a nos desapegar de emoções agudas avassaladoras. A agripalma pode ser um bálsamo calmante que proporciona conforto, e o manjericão-santo pode ser benéfico para trabalhar o trauma e amenizar a intensidade do momento.

— Extraído e adaptado de "An Astrological Apothecary for Difficult Times", de Danielle Blackwood, *Llewellyn's Magical Almanac*.

Feitiços para Combater Marés de Azar

Na vida de qualquer pessoa às vezes acontecem coisas estranhas. Você pode passar por uma maré de azar, acontecimentos que parecem não fazer sentido, mas depois de um tempo, começa a suspeitar que algo está errado em seu mundo e não sabe por quê. Talvez tenha percebido uma energia opressiva e esteja com dificuldade para ver as coisas boas ao seu redor. No linguajar dos conjuradores de várias tradições, entre elas o Hoodoo, o Rootwork, o Conjure, o Palo e a Brujería, isso significa que a pessoa está "cruzada".

Estar "cruzado" significa que algo ruim "cruzou" o seu caminho e o está obstruindo. Essa condição pode incluir (embora não se limite a isso) ser vítima de uma praga, estar sob o mau-olhado de alguém ou passando por uma "maré de azar", seja devido a feitiços hostis ou pela absorção da energia negativa de outros que não são conjuradores. Sentimos os efeitos, mas não conhecemos a origem, portanto, "cruzado" é um termo amplo para qualquer uma dessas situações. Isso pode parecer assustador, mas não há necessidade de entrar em pânico. Temos mais controle sobre nossa própria energia do que qualquer outra pessoa, então resolver esse problema, uma vez identificado, não é tão difícil. Ficar com medo disso pode piorar as coisas; portanto, tome posse do seu poder. Estou aqui para ajudar com vários feitiços práticos, que usam itens que você provavelmente tem em casa ou pode conseguir com facilidade. Respire fundo – você consegue!

Quando É Necessário o "Descruzamento"?

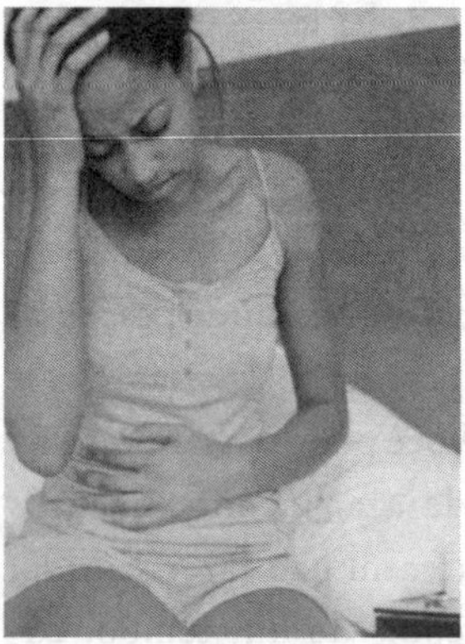

Às vezes, você pode se ver cercada por energias que estão indo contra você. Talvez se sinta empacada, como se houvesse obstáculos a cada passo, ou que tudo o que você tenta realizar é mais difícil do que atravessar cimento molhado. Uma ou duas experiências negativas não significam necessariamente que você esteja sob o efeito de uma espécie de maldição. É importante lembrar que nem tudo acontece como queremos. Se você der uma topada com o dedo do pé, pode ser apenas porque não estava prestando atenção ou porque alguém tirou a mesinha de cabeceira do lugar. No entanto, se você der uma topada com o dedo do pé e quebrar sua xícara de café favorita, um pássaro bater no seu para-brisa, uma comunicação importante for mal-entendida, sua internet cair, sua joia protetora quebrar ou sumir durante a noite, você se sentir fisicamente exausta e não conseguir encontrar uma razão física para isso... bem, você pode estar precisando de um feitiço de descruzamento. Fique atenta a padrões de coisas dando errado e circunstâncias incomuns por trás delas. Nem todo problema que você tem é um caso de cruzamento – na maioria das vezes, não é. Por fim, você pode fazer uma rápida adivinhação para verificar a energia ao seu redor e confirmar se está, de fato, precisando de um destes feitiços. Não presuma que tudo que dá

errado em sua vida seja porque uma nuvenzinha negra paira sobre você. Não é esse o caso.

O cruzamento pode acontecer de várias maneiras. Às vezes, alguém está enviando energia hostil de propósito, como um feitiço, praga ou maldição, mas isso é muito mais raro do que as pessoas pensam. As pessoas podem sentir inveja de você e você está captando isso. Talvez você seja forçada a ficar na companhia de pessoas que lhe desejam mal, e você absorve isso em seu subconsciente e em seu campo de energia. Sua vizinha pode não ir com a sua cara e olhar pela janela com cara feia sempre que a vê. Essas não são pessoas lançando feitiços reais, mas enviando ataques psíquicos não intencionais.

A energia desses ataques, se repetida, pode se acumular e prender você a ela, especialmente se você andou ocupada e se esqueceu de fazer suas orações, de manter suas proteções mágicas e de lançar mão de métodos de limpeza espiritual. Você pode usar qualquer um ou todos os métodos a seguir para se livrar dessa energia bloqueada e voltar ao caminho certo.

Feitiço com Limão e Sal

Existem muitas versões desse feitiço por aí, e esta é a minha versão. Gosto de ajustar os feitiços que encontro para se adequarem à minha própria prática. Encontrei esse feitiço num livro dos anos 1970 de Al G. Manning. A maioria das pessoas com quem compartilhei a versão original ou a minha teve resultados rápidos, então achei uma boa ideia compartilhar a minha versão aqui.

Você precisará de:

- ✓ 1 limão
- ✓ 1 xícara de sal, aproximadamente

Com uma faca afiada de cozinha, corte as extremidades do limão. Em seguida, corte-o em cinco rodelas. Despeje ½ xícara de sal num prato de sobremesa e disponha as fatias de limão em círculo, em cima do sal.

Usando o dedo ou a ponta da lâmina da faca, trace uma estrela de cinco pontas no ar, ligando as fatias de limão, com cada uma delas representando uma ponta da estrela. Em seguida, trace um círculo ao redor das rodelas para infundir poder a elas. Pense na energia hostil ao seu redor, em todas as áreas da sua vida, enquanto mantém as mãos sobre o limão e depois fazendo vários gestos descendentes, como que atraindo a energia nociva para as rodelas. Enquanto faz isso, repita o encantamento a seguir até sentir que conseguiu aprisionar toda a energia negativa no feitiço:

Energias hostis, vocês não podem persistir.
Seu domínio sobre mim agora há de sumir.
Atraídas por este limão como a mariposa para a chama,
Presas aqui pela minha vontade, aprisionadas nesta trama.

Em seguida, despeje mais sal sobre as fatias de limão, selando a energia negativa na fruta. Enquanto faz isso, repita esta invocação:

Eu estou livre! Eu estou livre!
Selei você, energia vil, com este sal abençoado!
Enquanto este limão desidrata,
meu caminho é desbloqueado!

Deixe o prato em algum lugar onde ninguém mexa e, à medida que o limão seca, a energia hostil será transmutada. Se os limões mofarem em vez de secar, repita o feitiço. Depois que ele tiver surtido efeito, gosto de juntar os detritos num saco de papel pardo e jogá-lo fora no dia que o caminhão de lixo passa. Algumas pessoas preferem jogar o saco numa lixeira de um local público.

Vela de Limpeza

Este é mais um dos meus favoritos, pois utiliza ervas purificantes presentes na maioria das cozinhas. Você pode adicionar algumas do seu apotecário de Bruxa, se preferir, mas não é necessário para que o feitiço surta efeito. Esse é um método flexível que você pode ajustar conforme o material que tem disponível.

Use qualquer um ou todos os seguintes itens de cozinha: pimenta--caiena, alho, pimenta-do-reino, sal, endro, hortelã, alecrim, café e cravo. Adicione qualquer uma destas ervas de apotecário de bruxa, se tiver: hissopo, arruda, angélica.

Adicione uma pitada de cada erva a um prato de sobremesa enquanto repete as palavras "limpeza" e "purificação" numa cadência ritmada. Isso carrega a mistura energeticamente e informa a cada erva qual de suas características você está solicitando. Misture todas as ervas. Unte uma vela branca comum com um óleo purificador de sua escolha ou use azeite de oliva puro. Em seguida, polvilhe as ervas na vela ou enrole a vela nelas.

Com a vela acesa diante de você, concentre-se na sensação de estar cruzada, pense em todas as dificuldades que isso lhe causou e imagine que está puxando a energia hostil à sua volta até formar uma bola escura entre as suas mãos. Agora visualize essa energia fluindo das suas mãos para a vela. As ervas e sua intenção vão atraí--la como um ímã e mantê-la presa ali. Agora, à medida que

a vela queima, a energia opressora que vinha pesando sobre você se dissipará e queimará com a chama.

Limpeza Simples com um Ovo

Existem muitas maneiras de usar um ovo para descobrir se você foi cruzada ou para prevenir ataques energéticos, e elas fazem parte de muitas tradições populares em todo o mundo, muitas vezes usadas por uma avó na cozinha. Esta é uma versão muito simples que pode ser usada por qualquer pessoa.

Passe o ovo pela fumaça do incenso; prefiro olíbano, sândalo ou sangue-de-dragão para isso. Em seguida, você pode limpar o ovo com um pano umedecido em água abençoada sob a Lua Cheia. Faça algumas respirações profundas e entre num estado mental tranquilo. Comece a passar o ovo pelo corpo, seguindo em direção descendente. Comece no topo da cabeça e vá descendo o ovo pelo meio do corpo, até chegar ao chão. Depois repita o movimento, seguindo agora no sentido anti-horário ao redor do corpo, desde o rosto até o braço e perna esquerdas, peito, virilha, pés esquerdo e direito, perna e braço direitos, imaginando o ovo absorvendo qualquer energia indesejada. Depois de terminar, você pode descartar o ovo quebrado (sem a casca) no vaso sanitário, levá-lo até uma lata de lixo pública num saco de papel pardo ou enterrá-lo num jardim.

Sugiro que, uma vez que sua energia esteja limpa, você faça uma boa limpeza na casa e recarregue quaisquer proteções que tenha em vigor. Se você não tiver proteções mágicas em casa, considere a possibilidade de adicionar algumas neste momento. Não há necessidade de ter medo de uma condição cruzada, se isso acontecer, tome medidas por conta própria e você estará de volta ao caminho certo em pouco tempo.

— Extraído e adaptado de "Practical Uncrossing Spells 101", de Mickie Mueller, *Llewellyn's Magical Almanac.*

Guia da Boa Vizinhança para a Limpeza Energética da Casa

Para aqueles que não sabem, a limpeza energética (chamada de "exorcismo" em algumas religiões) remove espíritos e energias prejudiciais do ambiente. A prática existe em diversas culturas e utiliza, muitas vezes, instrumentos disponíveis na região em que ela é executada, como vassouras, galhos de arruda ou incenso. A maioria das limpezas residenciais feitas nos dias de hoje tem as mesmas armadilhas e falhas que antigamente, não importa os instrumentos de limpeza utilizados, simplesmente porque a maioria das pessoas que as utiliza não está a par dos erros involuntários que podem ocorrer nesses rituais.

Quais são essas armadilhas? No nível prático, apartamentos cheios de fumaça podem provocar reclamações na vizinhança e, com o tempo, levar crianças a desenvolver problemas respiratórios, dependendo da fumaça utilizada. Velas sempre apresentam o risco de incêndio se não forem supervisionadas. E o passo aparentemente mais básico de uma limpeza residencial também é o mais problemático: se você banir um espírito sem encaminhá-lo para a luz com rituais e orações, ele pode simplesmente se mudar para a casa ao lado e retornar. Sua casa limpa pode significar uma "assombração" na casa do seu vizinho.

As práticas mais comuns que as bruxas utilizam para a limpeza e a proteção domiciliar em diversas culturas foram desenvolvidas em períodos da civilização em que as pessoas viviam mais distantes dos seus vizinhos. Culturas animistas também incluíam terra, água, plantas e animais em suas limpezas espirituais. Assim, contavam com a vantagem de ter mais aliados capazes de compensar resultados não intencionais.

Visitas de Espíritos Exorcizados

Uma das partes interessantes de se morar na cidade de San Francisco, nos Estados Unidos, é que quase todo mundo realiza abertamente seus rituais e os vizinhos aceitam isso como uma coisa normal. Se não fosse assim, eu talvez nunca teria conseguido entender o que aconteceu comigo uma vez.

Quando meu vizinho do apartamento ao lado do meu fez sua passagem para o Outro Mundo, pouco antes da pandemia, eu não fiquei surpresa quando a corretora de imóveis chinesa encarregada de vender a propriedade começou a realizar exorcismos semanais. Os sinos, os cânticos e o incenso queimando toda sexta-feira ao crepúsculo pareciam mágicos. Eu adorei. O que eu não adorei foi a súbita entrada de espíritos na minha casa entre a noite de sexta-feira e a manhã de sábado. Sim, eu percebi no mesmo instante, pois sou médium. O volume das vozes ficou tão alto na minha cabeça que eu não consegui reforçar minhas proteções energéticas a tempo. No início, as intrusões pareciam inofensivas, mas chegaram a um ponto em que eu não podia usar o espelho do banheiro sem ver o rosto de outra pessoa refletido ali. Eu precisava não apenas redirecionar o tráfego espiritual todo sábado, como também tive que admitir que o exorcismo rotineiro de outra pessoa havia se tornado um problemão para mim e eu tinha que encontrar uma saída. Comecei a fazer rituais e orações regularmente até restaurar a paz na minha casa.

Seis meses depois, uma conhecida relativamente cética me contratou para resolver problemas espirituais na casa dela. Qual era o problema? Minha cliente suspeitava que a vizinha que morrera no início da pandemia estava assombrando sua residência. Uma visita e uma varredura astral me revelaram o espírito da sra. Crabapple, e essa senhora não estava disposta a ir a lugar nenhum, muito menos para a luz.

Como a sra. Crabapple chegou lá? A família que comprou a casa dela fez o que muitas pessoas espiritualistas fazem antes de se mudar para uma nova casa: elas mandaram fazer uma limpeza energética, para banir os espíritos, e blindaram seu novo lar com amuletos de proteção. Como resultado, a casa da minha cliente (que ficava ao lado) se tornou o local mais conveniente e familiar para a vizinha falecida se estabelecer.

Para a minha cliente, "proteger a casa" significava apenas instalar câmeras de segurança na propriedade toda. Por isso, embora ela queimasse sálvia de vez em quando para se precaver, nunca tinha lhe ocorrido que um dia poderia precisar de algo bem mais forte.

Não posso oferecer dados concretos com relação ao trabalho direto com espíritos, mas, com base em evidências, concluí que aconteceu com a minha cliente o mesmo que aconteceu comigo, por razões diferentes.

Princípios Espirituais Básicos

Quando realizo uma limpeza energética numa casa e acrescento feitiços de proteção, bênçãos e amuletos, eu opero de acordo com certos princípios espirituais. Esses, até onde sei, têm muitos casos populares que comprovam sua eficácia. Se as tradições específicas da Bruxaria também os utilizam, eu não sei. Esses princípios são:

1. As Leis da Hospitalidade

2. As Leis da Soberania

As Leis da Hospitalidade

Segundo as leis da hospitalidade, desde que uma entidade não cause dano a mim ou aos meus, ela pode permanecer como hóspede em minha propriedade ou em minha moradia sem temer danos de minha parte pelo tempo que eu permitir. Essa lei permite que você envie um sinal de que não tolera visitantes metafísicos na sua casa. Se um espírito estiver determinado a ficar na sua casa, mas se deparar com esse sinal, muitas vezes passa a habitar o espaço mais próximo que o aceite.

As Leis da Soberania

Soberania significa "Eu sou a pessoa com a autoridade para decidir o que ocorre aqui". O princípio serve como um reforço para as leis da hospitalidade. O que torna a execução dessa lei complicada é que a pessoa que reivindica a soberania precisa se sentir de fato soberana.

Se um espírito não convidado se infiltra no lugar onde você mora, dorme e se alimenta, então você precisa afirmar que você é a autoridade ali. A sra. Crabapple, em vida, tinha fama de impor sua autoridade sobre os vizinhos sem o consentimento deles e, pelo visto, ela planejava continuar fazendo isso depois da morte. O que, por fim, fez o espírito dela se afastar foi o fato de a minha cliente reivindicar sua casa e seu limiar como seu território sagrado. Eu também a ajudei com meus rituais e orações.

Como Fazer um Recipiente de Vácuo Espiritual

Providencie um copo transparente, de preferência um copo alto de cerveja, e encha-o com água. Cubra-o com um prato de cerâmica e vire-o de cabeça para baixo – faça isso rápido para que a água fique contida dentro do copo. Coloque o prato e o copo dentro de uma bandeja de metal maior e preencha o espaço ao redor do prato com areia para ter uma camada adicional de segurança contra incêndios. Pegue uma vela (qualquer cor servirá) e purifique-a com uma pitada de sal. Diga à vela que, quando acendê-la, ela precisará se unir à água do outro lado do copo para formar um vácuo espiritual. (O vidro é um líquido de movimento lento, então a transmissão funciona bem.)

Com um isqueiro, derreta a cera na parte inferior da vela para que ela fique presa no fundo do copo virado. Ao acender a vela, faça uma oração e invoque seus mentores, suas divindades favoritas ou espíritos que você acredita serem capazes de remover espíritos errantes da sua casa. Deixe a vela derreter sobre o copo.

As Lições que Aprendi

A experiência que minha cliente e eu tivemos me levou a revisar todas as minhas práticas de limpeza. Eu examinei várias abordagens comuns e seu impacto naqueles que compartilham paredes e espaços liminares comigo. Como resultado dessa avaliação, aqui estão algumas coisas que aprendi.

Incensos e Defumações

Atualmente, guardo defumadores e incensos só para ocasiões específicas: ao mudar de endereço, e uma vez por ano para fazer uma limpeza espiritual profunda na casa.

Velas

Eu amo velas, mas reconheço que usá-las com frequência pode levar ao acúmulo de fumaça e cera. Agora só acendo velas num cômodo com um ventilador.

Espelhos

Os espelhos apresentam mais risco metafísico do que as pessoas imaginam. Em vez de espelhos, recomendo colocar pedras em áreas estratégicas. Use cristais conhecidos por serem instrumentos de ancoragem, como a hematita ou o jaspe vermelho.

A Lição

Não existe um "lugar distante" para onde possamos banir entidades, quando fazemos limpezas energéticas ou queimamos ervas. Temos que considerar para onde a energia e os espíritos vão, pois podem afetar outras pessoas se não forem bem direcionados com rituais e orações. Como o lugar para onde a energia é enviada afeta nossa dinâmica com nossos vizinhos (especialmente se eles não dormiram por causa do nosso *poltergeist*), é importante se munir de rituais eficazes e se conectar com seres espirituais mais evoluídos que você antes de começar sua prática de limpeza.

— Extraído e adaptado de "The Good Neighbor's Guide to House Cleansing", de Diana Rajchel, *Llewellyn's Magical Almanac*.

Guia Pagão para a Ecologia Profunda

Fui criada num lar católico apostólico romano, assim como muitos pagãos modernos, o que não mudou em nada o meu amor pela natureza. Quando cresci o suficiente para ter pensamento crítico, comecei a questionar coisas que não faziam sentido. Um dos meus dilemas tinha relação com o Gênesis 1:26 (Bíblia King James Atualizada): "Então Deus determinou: Façamos o ser humano à nossa imagem, de acordo com a nossa semelhança. Dominem eles sobre os peixes do mar, sobre as aves do céu, sobre os grandes animais e todas as feras da terra, e sobre todos os pequenos seres viventes que se movem rente ao chão". Essa passagem bíblica concedia à humanidade autoridade absoluta sobre todas as outras formas de vida deste planeta, e, num momento em que eu estava me tornando cada vez mais consciente da destruição ambiental causada pelo ser humano, isso começou a abrir brechas na minha fé infantil.

Com o tempo, comecei a perceber como esse conceito vazava da igreja e afetava o mundo secular. O anseio do capitalismo em aumentar os lucros, por exemplo, depende do aumento da exploração de recursos finitos, sem planos para o futuro. Qualquer "recurso natural" era medido em termos de cifrões, não de valor ecológico.

Essas mensagens, tanto da religião quanto da economia, infiltraram-se a tal ponto na mentalidade convencional do mundo todo que muitas pessoas argumentarão que a natureza existe para ser explorada pelo ser humano, sem nunca pensar de onde veio esse conceito. Embora seja compreensível que priorizemos nossa própria espécie, somos tão egocêntricos que quase tudo o que criamos foi feito sem considerar o impacto negativo no resto do mundo. Nós, no Ocidente, estamos cada vez mais convencidos de que estamos separados do restante da natureza e, portanto, podemos fazer o que quisermos com ela. Felizmente, existem antídotos para essa toxicidade ideológica, e eu gostaria de apresentar um dos meus favoritos: a ecologia profunda.

O Que É Ecologia Profunda?

Imagine a imagem de um ser humano em pé, no topo daquela pirâmide ecológica. Agora, mova todos ao redor até que estejam em círculo (e, não, os seres humanos não precisam estar no topo ou no centro). Isso é a ecologia profunda em poucas palavras. Em vez de ver nossa espécie como o ápice da evolução, designada pela Divindade para reger sobre todos, a ecologia profunda nos coloca dentro de uma comunidade maior da natureza, onde não somos melhores nem piores do que outros seres vivos.

Esse pode ser um conceito que muitas pessoas têm dificuldade para aceitar. Afinal, se você passou a vida toda acreditando em sua superioridade inerente, a ideia de que você é apenas um entre muitos pode ser um pouco chocante. O mais importante a lembrar é que você ainda é um ser especial – a questão é que os outros seres também são, cada um à sua maneira.

Como Mudar nossa Mentalidade

Na teoria, a ecologia profunda deveria ser muito amigável ao paganismo. Afinal, muitos de nós baseamos nossas práticas no mundo natural. Vários de nossos símbolos são extraídos de outros seres vivos com os quais compartilhamos nosso mundo, bem como da terra, da água e do ar. Nossas divindades geralmente têm algum aspecto da natureza fortemente associado a elas.

Mas a maioria dos pagãos modernos vem de um contexto ocidental quando se trata da natureza. Mesmo quando professamos amá-la e cuidar dela, muitos ainda se comportam com base na ideia de que podemos consumir sem culpa, seja de forma explícita ou inconsciente. Veja quantos de nós gastam dinheiro em decorações para o nosso altar, produzidas em massa em grandes lojas de departamentos, ou enchem os jardins com

ervas mágicas e outras plantas não nativas, sem pensar na perda de hábitat para a vida selvagem local.

Esses são exemplos de coisas sobre as quais temos controle. Muito do nosso impacto sobre outros seres vivos ocorre simplesmente porque não temos outras opções. Poucos de nós têm a capacidade de se desconectar dos enormes sistemas que fornecem à maioria da população água, comida, energia, e assim por diante.

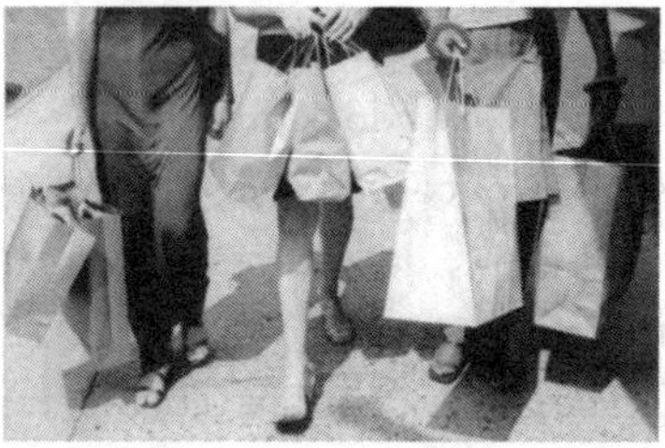

Além disso, grande parte da discussão sobre pegadas de carbono pessoais e coisas do tipo são maneiras pelas quais as corporações e outras entidades mais responsáveis pela destruição ambiental desviam a culpa de si mesmas. Dito isso, as sociedades são compostas de indivíduos, e a melhor pessoa para começar a tentar provocar mudanças é você mesma.

O primeiro passo é observar em que áreas negligenciamos outros seres vivos e seus hábitats em nossas ações. Comece com seu ecossistema local; mesmo numa cidade, você ainda precisa ter acesso à água e ao ar, e suas ações quase certamente têm um impacto nesses sistemas. O nível de desenvolvimento da região em que você mora também afeta significativamente quais seres vivos não podem mais viver lá (e quais se adaptaram o suficiente para sobreviver). Tente passar um dia observando como cada escolha ou ação que você faz afeta seu ecossistema imediato, incluindo escolhas feitas como parte de sua espiritualidade. Se puder identificar seres específicos que podem ser afetados, tanto melhor.

Em seguida, examine os impactos de maior alcance, como a quantidade de combustível queimada para levar sua comida à mesa ou enviar um objeto pelo correio para você, adicionando carbono à atmosfera que nos afeta a todos. Você pode ter que pesquisar um pouco para descobrir, mas não se preocupe demais tentando obter todos os detalhes; às vezes, você só terá que fazer uma estimativa. Dedique outro dia aos efeitos globais das nossas ações coletivas.

Ao examinar suas escolhas, observe em que circunstâncias você pode pensar coisas do tipo: "Precisamos desse recurso mesmo que destrua ecossistemas" ou "Gosto muito dessa comida mesmo sabendo que ela tem impactos específicos sobre outros seres vivos". Você não precisa encontrar uma solução imediata; use esses momentos como uma oportunidade para se perguntar como chegou a acreditar que nosso consumo desses recursos era justificado. Há uma história por trás da origem de cada um deles que conta uma narrativa antropocêntrica (centrada no ser humano), e quero que você desconstrua essa história para ver como chegamos aqui. Esse exercício tem apenas o objetivo de aumentar sua conscientização sobre como a ecologia superficial permeia nossa vida e nossas visões de mundo.

Além disso, por favor, não se culpe pelas pequenas coisas que você acha que está fazendo "errado". Tenha em mente que estamos enredados em sistemas massivos dos quais dependemos, construídos ao longo de séculos por gerações de pessoas e mantidos em grande parte pelas diversas entidades no poder. Isso é apenas para tirar você de sua visão antropocêntrica do mundo e cultivar a conscientização da nossa conexão com todos os seres vivos de uma maneira que eu acho mais eficaz do que "Agora, imagine uma luz dourada brilhante conectando você a cada alma deste planeta...".

Tome uma Atitude

Agora, vamos falar sobre o que fazer em relação a tudo isso. Repito, você não pode salvar o mundo inteiro sozinha, mas pode começar consigo mesma. Analise as ações e escolhas que você faz no dia a dia e pense no que precisaria ser feito de maneira diferente para realizá-las de modo mais ecologicamente consciente, levando em consideração outros seres. Algumas você não poderá mudar, seja porque estão fora do seu controle (de onde vem a sua água) ou porque não são financeiramente viáveis (comprar

uma casa com energia solar quando você mal consegue se sustentar). Observe aquelas que você poderia realisticamente mudar.

Se estiver se sentindo sobrecarregada, escolha apenas uma dessas opções que você poderia transformar e pense em que seres você estará ajudando ao fazer essa mudança, estejam eles em seu ecossistema imediato ou não. Talvez você mude algo em sua dieta para ser mais sustentável ou compre um objeto de segunda mão em vez de um novo. Ou você pode reservar um espaço em seu jardim para plantas nativas. Seja o que for que você faça, deixe que isso seja o início simbólico da sua decisão de estender sua consciência a toda a sua comunidade, não apenas aos seres humanos.

Se encontrar maneiras de ajudar os outros a mudarem suas perspectivas para outras mais em sintonia com a ecologia profunda, tanto melhor! Não seja o tipo de pessoa chata que vive querendo convencer os outros; em vez disso, esteja disponível se elas tiverem perguntas e lidere pelo exemplo, não por comando. Muitas vezes, ao agirmos de acordo com nossas palavras, abrimos o caminho para que os outros façam isso também. Nem todos chegarão às mesmas conclusões sobre qual pode ser a melhor solução. O importante é que as pessoas estejam realmente pensando em como ser mais colaborativas com o restante de nossa comunidade natural e trabalhando ativamente em soluções que levem todos em consideração, não apenas nós, seres humanos.

— Extraído e adaptado de "A Pagan Guide to Deep Ecology", de Lupa, *Llewellyn's Magical Almanac.*

Infusões Mágicas para Todos os Fins

Uma infusão ocorre quando ervas, cascas, flores, frutas e outros ingredientes são embebidos num líquido quente ou frio, que depois pode ser ingerido ou usado em banhos, por exemplo. Algumas infusões de ervas são consideradas chás, mas, em geral, as infusões requerem um tempo maior de preparo do que os chás de ervas; às vezes, podem levar dias ou até meses para serem feitas. As infusões podem ser filtros, que consistem em qualquer poção com poder mágico, mas nem todas podem ser ingeridas. O que torna uma infusão mágica é a combinação de ingredientes e a intenção de quem a prepara, além do ritual para carregá-la.

Receitas de Infusões Mágicas

Filtro Mágico para Fortalecer o Vínculo entre Amantes

Numa tarde em que a Lua estiver na fase cheia, colete dois copos de água fresca num pote de vidro e reúna os seguintes ingredientes:

- ✓ 2 punhados de pétalas de rosas vermelhas ou rosas frescas
- ✓ 8 flores de lavanda
- ✓ 8 cerejas frescas, sem caroço e sem cabo
- ✓ 2 cravos inteiros
- ✓ 2 folhas de manjericão fresco
- ✓ 1 pedaço de 2,50 cm de raiz de angélica fresca, cortada verticalmente em 2 pedaços
- ✓ 1 vela vermelha

Aqueça a água fresca numa panela esmaltada, de cerâmica ou vidro. Enquanto a água aquece, concentre-se nela, imaginando dois amantes juntos, se abraçando e se acariciando. À medida que ela esquenta, o mesmo deve acontecer com a paixão entre os amantes em sua mente. Deixe a água ferver por 1 minuto completo e, em seguida, retire do fogo. Coloque as flores frescas e pétalas, frutas, folhas e especiarias no pote de vidro em que você coletou a água, pensando em cada item como um tipo diferente de beijo ou carícia enquanto os coloca. Feche a tampa do pote e deixe o filtro infundir e esfriar por 2 horas.

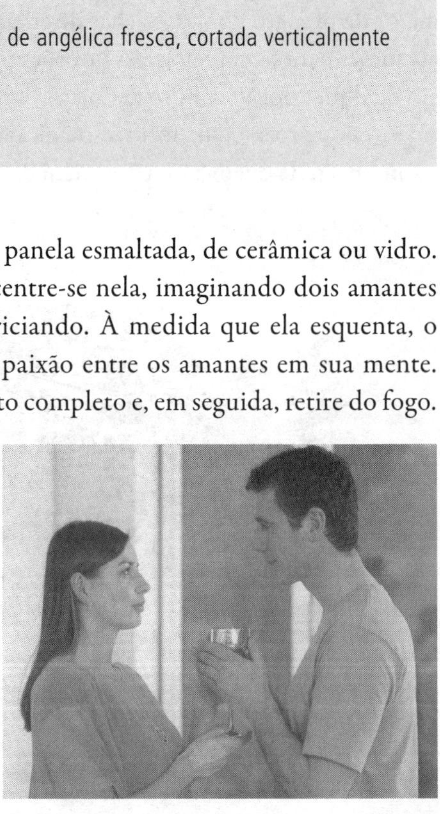

Acenda uma vela vermelha ao nascer da Lua. Coe o filtro. Cada amante deve ser servido com uma taça dessa infusão, misturada com uma colher de chá de mel. Faça um brinde ao amor enquanto olha nos olhos do seu parceiro, sobre a chama da vela vermelha.

Infusão para um Banho de Riqueza

Você precisará de:

- ✓ 1 pote de vidro
- ✓ 1 pano ou bandana verde
- ✓ 1 colher de chá de folhas de hortelã desidratadas e trituradas
- ✓ ½ xícara de folhas inteiras de manjericão frescas
- ✓ 1 pedaço de 2,50 cm de gengibre fresco, descascado e picado
- ✓ ⅓ de xícara de azeite de oliva
- ✓ 1 colher de sopa de óleo de karité ou amêndoa
- ✓ 1 vela verde
- ✓ moedas brilhantes (ou moedas de chocolate, embrulhadas em papel-alumínio dourado)

Numa noite de Lua Nova, coloque as ervas e o gengibre num pote de vidro. Depois, despeje os óleos no pote, pressionando as folhas com uma colher prateada, para que tudo fique coberto. Feche o pote e envolva-o no pano ou na bandana verde.

Após duas semanas, prepare um banho de banheira ou bacia para si mesma, depois que a noite cair. Coe as ervas do óleo infundido e adicione à água do banho. Acenda a vela verde num prato à prova de calor e coloque as moedas ao redor da vela. Entre no banho e visualize-se banhando-se em dinheiro. Não use sabonete. Permaneça ali até que a água fique morna ou fria, depois saia do banho e seque à luz da vela naturalmente.

Infusão para a Proteção Doméstica

Providencie um pote de vidro de água do mar numa manhã ensolarada. Adicione os seguintes ingredientes, um de cada vez:

- ✓ 1 ramo de lavanda
- ✓ 1 folha de louro
- ✓ 1 dente de alho descascado
- ✓ 1 concha em tons de roxo

Feche o pote e deixe-o ao sol para infundir pelo resto do dia. Quando o sol se pôr, ande ao redor da casa com o pote e, com a mão direita, borrife todos os cantos da casa, a frente das portas e o pé de qualquer escada.

Mel para Sonhos Proféticos

Você precisará de:

- ✓ 1 punhado de pequenos botões de rosa desidratados
- ✓ 1 colher de chá de tomilho desidratado
- ✓ 1 colher de sopa de flores de camomila desidratadas
- ✓ ½ colher de chá de raiz de angélica desidratada e cortada em cubos
- ✓ 400 ml de mel claro de boa qualidade

Numa noite de Lua Nova, vá a um lugar tranquilo e solitário, e coloque no pote de mel as flores e ervas. Mexa delicadamente, usando uma pequena colher prateada (como aquela que você usaria para alimentar um bebê). Feche o pote de vidro e deixe-o num local fresco e escuro por um mês. Após o tempo de infusão designado, você pode usar uma colher de chá desse mel mágico para adoçar uma xícara de chá de camomila antes de dormir.

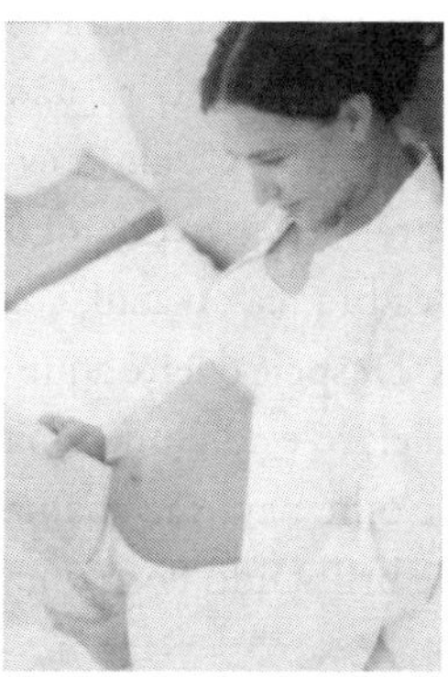

Infusão de Casca de Bétula para a Fertilidade

Esta poção será mais eficaz entre Mabon e Yule.

Num pote de vidro grande, colha duas xícaras de água de uma chuva forte. Leve a água para ferver numa panela de cerâmica ou vidro. Fique em pé e observe a água ferver por um minuto completo, visualizando-a como a mesma água que caiu do céu para hidratar a terra e todos os seres vivos. Retire do fogo e adicione o seguinte:

- ✓ 1 pedacinho de casca de bétula limpa
- ✓ 1 figo seco
- ✓ 10 sementes frescas de romã

Cubra o pote e deixe em infusão por dez minutos, depois coe. Beba ½ xícara todas as manhãs por quatro manhãs. Guarde na geladeira.

Infusão de Cura Leitosa

Providencie um pequeno maço de borragem (*yerba santa*) desidratado e amarrado com um barbante ou fita branca e use-o para defumar o local onde você preparará a infusão. Enquanto ainda estiver defumando o cômodo, coloque o maço num prato à prova de calor, de modo que a fumaça passe sobre a infusão enquanto ela estiver sendo feita.

Você precisará aquecer 1 xícara de leite de vaca ou qualquer leite não lácteo recém-preparado. Quando estiver bem quente, retire-o do fogo sem deixar ferver. Numa caneca grande de cerâmica branca ou azul, coloque ¼ de xícara de framboesas frescas esmagadas. Despeje o leite aquecido sobre elas. Adoce com 1 colher de chá de mel claro e adicione uma pitada de canela em pó. Acenda uma vela branca e olhe para sua chama enquanto bebe lentamente a infusão. Visualize-se brilhando com uma saúde vibrante e grande bem-estar.

Infusão de Banho para Quebrar Maldições

Num dia chuvoso, quando a Lua estiver crescente, de preferência entre o Solstício de Verão e o Yule, colete um pote de vidro cheio de água da chuva e deixe-o ao ar livre, sem tampa, na primeira noite da Lua Cheia.

No fim do dia, após a noite de Lua Cheia, prepare a infusão de banho. Numa garrafa de vidro vermelho, coloque 1 pimenta ardida desidratada, 6 grãos de pimenta-do-reino, 2 dentes de alho descascados, um pedaço de corrente quebrada, 1 colher de sopa de óleo de jojoba ou amêndoa.

Despeje a água da chuva no pote, coloque o pote num saco de papel pardo e deixe-o em infusão por três dias num local escuro e fresco. Depois desse período, retire a garrafa do saco, mas guarde-o para uso posterior. Em seguida, usando um funil, adicione o óleo de jojoba. Agite bem.

Prepare seu banho. Acenda uma pequena vela votiva preta num recipiente à prova de fogo, perto do local do banho. Coe toda a infusão e despeje-a na água do banho, reservando as pimentas, o alho e a corrente no saco de papel pardo. Deixe o saco de molho no banho até a vela se apagar.

No dia seguinte, cave um buraco longe de sua casa e enterre o saco contendo as pimentas, o alho e a corrente.

Poção para Combater a Discórdia

Às vezes, amigos ou parentes ficam presos num estado inexplicável de discórdia. Para remediar esse tipo de bloqueio, experimente esta infusão.

Triture uma canela em pau pequena com as aparas de unha totalmente limpas de uma das pessoas presas na discórdia. Adicione três dedos de água corrente num pote de vidro grande. Deixe a água descansar por várias horas para que a sujeira, a areia e os detritos se depositem no fundo.

Coloque para tocar uma música alegre que lhe agrade. Enquanto essa música estiver tocando, despeje cuidadosamente a água (sem qualquer sedimento) numa panela de cerâmica ou vidro e coloque-a no fogo. Observe a água até ferver enquanto alimenta pensamentos harmoniosos. Deixe-a ferver por 1 minuto completo, depois tire do fogo e reserve até esfriar.

Num momento oportuno, use essa água (fervida uma segunda vez) para fazer um café. Adicione as aparas de unha trituradas com a canela. Quando o café estiver pronto, uma xícara dele deve ser servida a cada uma das duas pessoas envolvidas na discórdia, com o consentimento delas. Ofereça açúcar, se desejar. Essa infusão pode ser repetida várias vezes, até que toda a discórdia se dissipe num passe de mágica.

— Extraído e adaptado de "Magical Infusions", de Suzanne Ress, *Llewellyn's Magical Almanac.*

Magia do Ar para Revigorar a sua Carreira Profissional

Domingo à noite. As últimas horas preciosas de liberdade antes que a semana de trabalho comece. Você deveria estar aproveitando esse tempo, relaxando ou se divertindo, mas simplesmente não consegue. Tudo em que consegue pensar é: "Amanhã é segunda-feira...".

Se você ama o seu trabalho ou pelo menos o aprecia, ou se ele a deixa realizada e satisfeita, fantástico! É uma sensação maravilhosa conquistar esse equilíbrio perfeito entre trabalho e vida pessoal. Mas, quando você não tem isso, quando parece que você está vivendo para trabalhar e não o contrário, então você vai entender o que eu quero dizer quando falo sobre o temido sentimento com relação às segundas-feiras.

Adicione a isso o aumento do custo de vida e a diminuição do poder de compra, devido a diversos fatores, incluindo a pandemia, e você vai entender por que muitos de nós podem estar se sentindo um tanto desiludidos com a nossa vida profissional. E tudo isso sem mencionar que passamos uma boa parte da vida no trabalho, então, quando você olha para o quadro como um todo, pode começar a ver como é importante gostarmos do nosso emprego. Mas, se você não está feliz com o

seu, saiba que é muito tempo desperdiçado sendo infeliz!

Felizmente para nós, Bruxas, estamos acostumadas a arregaçar as mangas e mudar o que não queremos mais na nossa vida. Primeiro, no entanto, vamos considerar por um momento o elemento Ar e como podemos aproveitar suas energias para ajudar a melhorar a nossa vida profissional.

O Ar é o elemento que leva os aromas até o nosso nariz e o som até os nossos ouvidos, sem mencionar que, literalmente, não podemos viver sem ele! O ar é vital para o nosso bem-estar, assim como a nossa carreira profissional pode desempenhar um papel vital em nossa saúde emocional e psicológica. O ar revigora, refresca e dá energia a novas ideias. Ele nos ajuda na comunicação clara e na resolução de conflitos, qualidades muito importantes para se ter em nosso arsenal profissional. Mas essas são qualidades que podemos usar em nossa magia também, para ajudar a fazer com que nossa carreira trabalhe para nós e não o contrário.

Como meu treinador de *kickboxing* costumava dizer, trabalhe de forma mais inteligente, não mais difícil!

A Tiragem da Espada

No meu livro *Witch Life: A Practical Guide to Making Everyday Magical*, compartilho várias maneiras de usar o tarô no dia a dia, e a tiragem que vou apresentar a seguir é apenas uma das maneiras de incorporar o tarô à sua vida diária. Ao usar o tarô desse modo, longe de se tornar uma muleta na qual você baseia cada decisão, ele se torna um instrumento que lhe permite reservar um tempo para considerar suas opções e oportunidades, e tomar decisões ponderadas que a beneficiem.

Para essa tiragem, você precisará apenas das cartas do naipe de Espadas. Esse naipe representa o elemento Ar e também o conflito. Embora a palavra "conflito" tenha uma conotação negativa, vale a pena lembrar que o conflito muitas vezes é necessário para o crescimento e que ele

nem sempre significa brigas e bate-bocas. Talvez o mais importante seja lembrar que, a partir do conflito, é possível desenvolver a habilidade de resolver conflitos, algo essencial no ambiente de trabalho e que pode ajudá-la a se aproximar de onde você deseja estar em termos de sucesso profissional, seja lá o que isso signifique no seu caso.

Depois de separar as cartas de Espadas, pense no conflito que vive com a sua vida profissional enquanto as embaralha. Em seguida, coloque as cartas diante de você numa única fileira, todas voltadas para baixo. A primeira carta da fileira representa você neste momento. A última carta representa o desfecho da situação. Abra essas duas cartas.

Primeiro passe algum tempo comparando ambas as cartas antes de abrir as outras. Se o número da última carta for maior do que o da primeira, você pode interpretar isso como a extensão do caminho ou do progresso que ainda precisa fazer na sua vida. Mas, neste ponto, não há motivo para se preocupar, pois você ainda tem mais oito cartas para abrir. Se o número da primeira carta for maior do que o da última, isso pode significar que uma decisão importante é necessária para que você avance.

As cartas da fileira que estão entre a primeira e a última representam cada um dos conflitos que você precisa superar ou uma lição que precisa aprender e processar. Esse é um exercício que pode ser feito ao longo de dez dias; você vai abrindo uma carta por dia, para que tenha um foco claro diariamente, um desafio a superar e dominar, ou uma lição a ser aprendida e assimilada.

Vale a pena fazer esse exercício de vez em quando, para ajudá-la a se orientar à medida que avança em direção aos seus sonhos e resultados desejados.

Visualização da Brisa Refrescante

Com certeza já aconteceu de você ter um dia particularmente difícil no trabalho.

O seu chefe está tornando sua vida um inferno, seus colegas não estão fazendo a parte deles, e você tem um milhão de coisas para fazer e pouquíssimo tempo disponível. Isso é um verdadeiro pesadelo, e o pior é que, se você for como eu, está se sentindo estressada, irritada e aflita, o que não ajuda em nada. Nós nos sentimos num beco sem saída... mas saiba que apenas do ponto de vista físico!

Você só precisa de dois minutos para fazer esta visualização, embora ela possa durar o tempo que você precisar ou quiser. Ela é projetada para lhe dar um pouco de espaço para respirar, mesmo que seja por um instante, e ter a chance de se acalmar, recarregar as baterias e se sentir mais capaz de lidar com o estresse no trabalho.

Você pode fazer esse exercício sentada ou em pé, em qualquer lugar em que possa ficar com os olhos fechados por um instante. Relaxe a respiração, mas não tente mudar seu ritmo. Simplesmente respire naturalmente. Sinta os ombros relaxarem, as mandíbulas se descontraírem, os braços caírem ao longo do corpo.

À medida que essa sensação de relaxamento começa a se espalhar pelo seu corpo, sinta uma brisa fresca soprando no topo da sua cabeça. Sinta a energia dessa brisa penetrar no seu crânio. Ela é fresca, mas não fria. É tão energizante quanto tomar um longo e profundo gole de água gelada num dia quente. Sinta a brisa se movendo para baixo devagar, sobre o seu rosto, soprando de leve no seu pescoço, depois no peito e ainda mais abaixo, percorrendo os seus membros, subindo e descendo lentamente pelo tempo que você precisar, preenchendo você com uma energia fresca e revigorante.

Quando estiver pronta, respire fundo e abra os olhos. Você pode repetir essa visualização quantas vezes quiser ao longo do dia ou sempre que sentir seus níveis de estresse começando a subir.

Feitiço do Mel para Adoçar Alguém

OK, admito que ninguém quer ser o puxa-saco do escritório, mas a verdade é que um pouco de sorte ou simpatia daqueles que estão no comando pode ajudar a facilitar as coisas para você alcançar mais rápido os seus objetivos. Este feitiço inofensivo é ótimo se você deseja melhorar um relacionamento com um colega ou com o chefe. E ele não precisa gerar em você um dilema moral. Não há nada de errado em querer construir boas relações com seus colegas de trabalho; isso ajuda a tornar a vida cotidiana de todos um pouco mais fácil. Este também é um bom feitiço se você sentir que seu chefe não gosta de você e quiser tentar uma alternativa mágica antes de abordar o problema.

Você precisará de:

- ✓ 1 incenso da sua preferência
- ✓ 1 vela azul
- ✓ 1 folha de papel (azul se quiser usar correspondências de cor)
- ✓ 1 caneta azul
- ✓ 1 pote limpo

- ✓ 1 colher de sopa de mel
- ✓ 1 colher de sopa de lavanda
- ✓ 1 cabeça de dente-de-leão (a raiz, a folha ou a flor desidratada também servem)
- ✓ 1 folha de louro

Reúna tudo de que precisa e, se você tem o hábito de criar um espaço sagrado antes de lançar seus feitiços, faça isso de acordo com a sua tradição ou prática. Se você é novata na arte e não tem certeza do que fazer, simplesmente organize a área que vai usar e trace um círculo simples caminhando pela borda da área de trabalho e recitando:

Este espaço sagrado faço enquanto caminho,
Cheio de amor, não de ódio mesquinho.
Como eu desejo, assim será.
Espíritos deste lugar, escutai-me já!

Em seguida, acenda o incenso para representar o elemento Ar, assim como a vela azul. No papel, escreva o nome ou nomes daqueles com quem você deseja adoçar as relações, dobre-o e coloque-o no pote. Adicione o mel e diga:

(Nomes das pessoas),
Sejam doces comigo, sejam doces comigo, sejam doces comigo.
Assim será.

Adicione a lavanda.

Lavanda, acalme o estresse e os ânimos.

Adicione o dente-de-leão.

Dente-de-leão, atenda aos desejos do meu coração.

Adicione a folha de louro.

Para o meu sucesso, louros desejo alcançar.
Minha energia e vontade começam a brilhar.
Que o melhor venha agora a se realizar!

Feche o pote com a tampa e sele com a cera da vela azul. Se for um pote pequeno, você pode carregá-lo consigo como um amuleto. Caso contrário, pode deixá-lo trancado numa gaveta ou num armário em seu escritório. Se você simplesmente não se sentir confortável levando-o para o seu local de trabalho, mantenha-o em seu altar, onde pode concentrar sua atenção e vontade para fortalecer ainda mais o feitiço até obter o resultado desejado.

Aí estão alguns dos meus feitiços e práticas inspirados no elemento Ar, para aprimorar sua carreira e ajudar a construir a vida que você deseja e merece!

Desejo a você muito sucesso em seus empreendimentos!

— Extraído e adaptado de "Air Magic for Invigorating Your World of Work", de Emma Kathryn, *Llewellyn's Magical Almanac.*

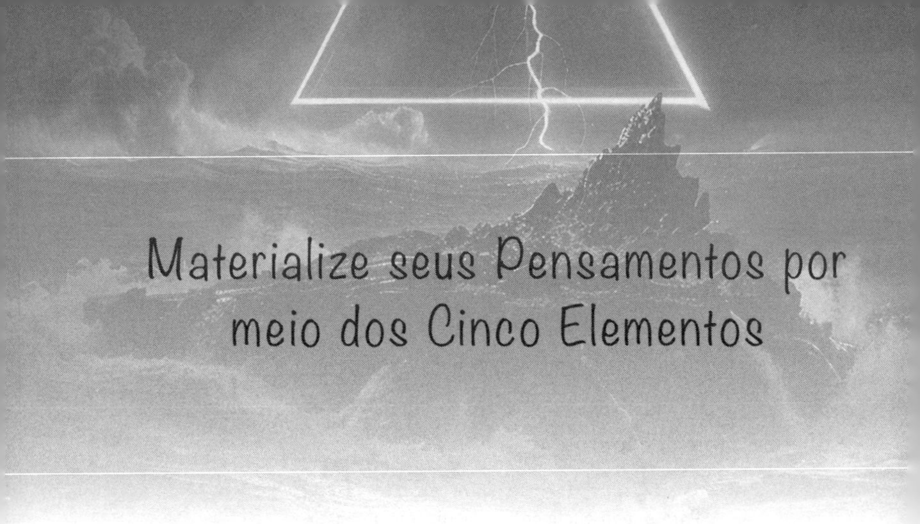

Materialize seus Pensamentos por meio dos Cinco Elementos

O ser humano é algo extraordinário! Somos capazes de viver aqui na Terra e, ao mesmo tempo, estar conectados ao mundo espiritual. Por termos praticamente um pé em cada dimensão, somos capazes de transformar nossos desejos em realidade com intenção e atitudes.

O processo de criar algo a partir do nada é o processo alquímico do qual todos nós somos subprodutos e, portanto, incorporamos dentro de nós. Criar é participar da essência de estar vivo. Isso é o que a natureza está ocupada fazendo o dia todo também. Todos os seres na Terra fazem parte do processo criativo, ao qual o taoismo se refere como o Ciclo dos Cinco Elementos. O Ciclo dos Cinco Elementos é a interação dos Cinco Elementos – Água, Madeira, Fogo, Terra e Metal – para criar e sustentar a vida na Terra.

O taoismo é uma antiga filosofia oriental que vê a inter-relação entre plantas, animais, natureza, seres humanos e até objetos inanimados como uma coisa só, sendo cada um deles um microcosmo do universo. A "cola", por assim dizer, que une todas as coisas são os Cinco Elementos. Tudo consiste em alguma combinação dos Cinco Elementos, incluindo nós mesmos. Simultaneamente, quando os Cinco Elementos trabalham juntos num ciclo, eles produzem o ciclo criativo, ou o processo alquímico de transformar pensamentos em coisas.

Quais são os Cinco Elementos?

Quando os Cinco Elementos trabalham juntos, criam uma energia dinâmica que é o processo criativo. Para entender melhor o processo, é importante compreender o papel de cada elemento individualmente. Você pode pensar em cada um deles de maneira literal, metafórica ou simbólica. Por exemplo, o elemento Madeira inclui o que você pensaria como madeira, como uma árvore, mas também pode ser representado de várias maneiras, incluindo uma estação do ano, uma cor, uma forma e a nossa personalidade.

Vamos ver como cada elemento se manifesta por meio da nossa própria energia pessoal e da nossa personalidade. Ao ler as descrições a seguir, observe se você se reconhece em uma ou mais delas. Todos nós contemos a energia de todos os Cinco Elementos, mas geralmente somos dominantes em um ou dois deles. Observe também se uma das descrições definitivamente não é você. Essa pode ser a chave para desvendar o seu processo alquímico pessoal.

Elemento Água

O elemento Água é o Filósofo. Ele é silencioso e geralmente introvertido, e muito discreto. Possui uma força silenciosa. Pode parecer frágil às vezes, mas está longe disso. É criativo, contemplativo e reservado.

Provavelmente será aquele que descobrirá a chave para a paz mundial ou uma invenção que evita as catástrofes climáticas. No entanto, caberá aos outros elementos implementá-lo. Quando desequilibrado, os elementos de Água podem se tornar retraídos e distantes. Tendem a ocultar suas emoções e processar lentamente antes de agir. No taoismo, o Elemento Água está associado ao inverno.

Elemento Madeira

O elemento Madeira é o Pioneiro. É o líder, o inventor, o buscador e o visionário. Ele assumirá a liderança em grupos e tomará medidas para colocar os projetos em prática. Pode facilmente oscilar entre ser introvertido e extrovertido, dependendo do que uma situação exige. Por exemplo, pode trabalhar sozinho na criação de um novo empreendimento ou trabalhar bem em equipe. Quando um projeto ou relacionamento fica estagnado, o elemento Madeira demonstra rapidamente sua frustração. Os elementos de Madeira mantêm as coisas avançando, e seu desafio é saber quando retrair sua energia ou dar um passo atrás. No taoismo, o elemento Madeira está associado à primavera.

Elemento Fogo

O elemento Fogo é o Manifestador. Ele tem uma energia de alta voltagem e geralmente é extrovertido. Muitas vezes, também é o centro das atenções e sabe aproveitar a vida. Semelhante a uma chama, ele cria a expressão mais elevada de energia na forma de entusiasmo e paixão. Os elementos de Fogo fornecem o combustível em projetos para que se manifestem em sua forma mais elevada e verdadeira. Embora a ideia possa ter nascido com o elemento Água, e o elemento Madeira tenha fornecido o impulso para a frente, é o elemento Fogo que traz algo para que o projeto chegue ao seu apogeu. Quando está fora de equilíbrio, o elemento Fogo pode se sentir esgotado. Sua energia pode se dispersar facilmente se não tiver foco, o que pode levar à ansiedade. No taoismo, o elemento Fogo está associado ao verão.

Elemento Terra

O elemento Terra é o Estabilizador. Ele é a força de aterramento que mantém o *status quo,* para que a mudança não ocorra com muita rapidez. O elemento Terra é o palco onde todos podemos atuar. São pessoas altamente solidárias, que trazem harmonia aos grupos e ajudam a manter a paz. Pense no elemento Terra como o pai que mantém a harmonia entre os filhos quando ocorrem brigas. Ele faz o possível para que não haja atrito. Não gosta de mudanças e pode se tornar controlador se levado ao extremo. A preocupação é a emoção padrão do elemento Terra, especialmente quando algo parece fora de controle e pode levar a possíveis mudanças. No taoismo, esse elemento está associado aos pontos de equinócio.

Elemento Metal

O elemento Metal é o Organizador. Ele organiza tudo e mantém as coisas em ordem e dentro do cronograma. Os elementos Metal são ótimos contadores, engenheiros, cientistas, editores, arquitetos, assistentes pessoais e organizadores profissionais. Eles são detalhistas, focados e precisos em tudo o que fazem. Tendem a ir direto ao ponto na conversa, sem a necessidade de fazer rodeios. Também adoram um ambiente organizado, e até mesmo seus frascos de armazenamento são rotulados. Seu desequilíbrio pode se manifestar como obsessão, perfeccionismo ou excessiva rigidez mental. Tendem a ter visão de túnel, sem a capacidade de ver um quadro maior. No taoismo, o elemento Metal está associado ao outono.

A descrição de algum dos cinco elementos corresponde à sua personalidade? Provavelmente, uma delas se destacou e você conseguiu se reconhecer. Alguma das descrições não parecia de forma alguma com você? Nosso elemento dominante geralmente é onde prosperamos no processo criativo, enquanto nosso elemento mais fraco nos faz tropeçar, ficar frustradas ou desistir completamente.

Os Cinco Elementos no Processo Criativo

Como escritora, eu uso os Cinco Elementos como modelo para concluir um livro. Passar da ideia para a conclusão de um manuscrito é o exemplo perfeito do Ciclo dos Cinco Elementos. Assim como eu avanço no processo da escrita usando os Cinco Elementos como meu guia, posso utilizar esse mesmo processo para concluir qualquer coisa que eu me proponha a fazer.

Assim como acontece com todas as coisas criativas, um livro começa com uma ideia. A fase da ideia é a fase da Água, na qual pensamentos e ideias surgem aparentemente do nada. O processo de cada pessoa com relação a essa fase é muito pessoal. Por exemplo, algumas pessoas têm ideias durante caminhadas em meio à natureza ou durante os sonhos à noite.

A fase da Água também está associada ao conhecimento dos seus motivos. Em outras palavras, o que está impulsionando você a escrever? Você pode senti-lo como se fosse sua missão ou propósito, ou algo maior do que você mesma, porque é o elemento mais ligado ao mundo espiritual.

Quando estiver pronta para colocar sua ideia no papel ou no seu computador, você oficialmente entrou na fase da Madeira. A fase da Madeira é quando transformamos a ideia não física em alguma forma física. Ela pode se manifestar na forma de um esboço ou da redação das primeiras páginas do seu livro. Quando você já desenvolveu a sua ideia o suficiente no papel, é hora de entrar na fase do Fogo.

A fase do Fogo de qualquer projeto criativo é a fase em que você realiza a maior parte do trabalho. Em termos de escrever um livro, é o tempo dedicado a realmente escrever o livro, ou pelo menos escrever o primeiro rascunho. A fase do Fogo é representada pela estação do verão, quando a lavoura está em pleno crescimento. É basicamente o ponto mais alto de produção de energia, que antecede a colheita, quando a energia desacelera. Você pode pensar nisso como a conclusão do primeiro rascunho, momento em que faz uma pausa. Essa é a fase da Terra. É o ponto do processo criativo em que você dá um passo objetivo para trás, com a intenção de reavaliar o que criou até o momento.

Depois de fazer uma pausa no seu manuscrito, é hora de começar a fase de edição. Essa é a fase do Metal no processo criativo, na qual você volta ao começo para fazer as correções necessárias. A energia do elemento Metal é tal que corta ou retira qualquer excesso que possa ter ocorrido durante a fase do Fogo.

Seja criando um livro, um produto ou um novo negócio, somos alquimistas materializando pensamentos por meio do processo criativo dos Cinco Elementos.

— Extraído e adaptado de "Alchemize Thoughts into Things Using the Five Elements", de Tisha Morris, *Llewellyn's Magical Almanac.*

Ritos de uma Religião Pagã Secreta

Em 1452, no topo da montanha de um remoto posto avançado de Bizâncio, o filósofo mais famoso de sua época faleceu, quase aos 100 anos de idade. Seu nome era George Gemistos, mas ele se autodenominava Pletão, e seus dedicados alunos o comparavam aos maiores filósofos do passado, a ponto de compará-lo a Platão. Conselheiro confiável dos governantes, ele era, no entanto, suspeito de "helenismo" (adorar os antigos deuses gregos) e de conduzir alguns seguidores selecionados por esse caminho herético. Essa era uma atividade perigosa, e alguns de seus contemporâneos foram cruelmente torturados e executados por praticarem o paganismo.

Essas suspeitas foram confirmadas pela descoberta do *Livro das Leis,* de Pletão, após sua morte. Ele continha uma teologia pagã completa,

baseada na filosofia platônica, um calendário sagrado e todos os rituais e invocações necessários para a prática religiosa, incluindo 27 hinos para diversos fins litúrgicos. Tudo isso era fundamentado em práticas antigas, mas atualizado para sua época. Embora seus discípulos tenham implorado pelo livro, ele caiu nas mãos de Jorge Escolário, um eclesiástico fanático e inimigo de Pletão por muitos anos. Escolário relata com satisfação que passou quatro horas arrancando e queimando páginas, preservando apenas o suficiente, ele se gabava, para provar o crime de Pletão e justificar sua própria queima de livros. Ele também ordenou que, se alguém tivesse uma cópia do livro, deveria queimá-la ou seria excomungado, mas na verdade não havia outras cópias, até onde sabemos. Felizmente, as páginas que escaparam da destruição são as partes mais úteis para os pagãos que desejam praticar os rituais religiosos de Pletão hoje. Devo mencionar que eu mesmo me envolvi com a filosofia e a religião de Pletão. Fiquei muito empolgado quando o livro de C. M. Woodhouse, *George Gemistos Plethon: The Last of the Hellenes*, foi publicado em 1986. Ali estava, pensei eu, uma religião dedicada aos deuses gregos e praticada até mesmo no Renascimento, mas fiquei desapontado ao descobrir que Woodhouse apenas resumia as partes sobreviventes do *Livro das Leis* e parafraseava ou omitia totalmente as invocações e hinos de Pletão; não havia informações suficientes para praticar a religião. Além disso, não havia traduções para o inglês do livro de Pletão. Portanto, encontrei outras maneiras de adorar os deuses com base na prática antiga. Ao longo dos anos, no entanto, passei a apreciar melhor a profundidade da filosofia platônica e sua compreensão dos deuses, então decidi revisitar a religião filosófica de Pletão. Embora eu tenha encontrado pesquisas recentes sobre Pletão, ainda não havia traduções para o inglês do seu livro e de textos relacionados, então decidi fazer minhas próprias traduções do grego de Pletão.

Teologia Platônica

Como mencionei, a religião de Pletão é fundamentada na filosofia platônica. Até o século VI d.C., filósofos platônicos, incluindo Plotino, Porfírio, Jâmblico e Próclo, desenvolveram a teologia pagã mais

completa no Ocidente. Pletão partiu daí para desenvolver sua própria filosofia da religião e seu sistema de ritual religioso. Ele traçou suas ideias até Platão e outros 27 sábios antigos, incluindo Pitágoras, os brâmanes da Índia e os magos, seguidores de Zoroastro. No entanto, ele afirmou que sua religião não era "revelada", mas fundamentada em princípios filosóficos racionais e universais.

Esses princípios são ensinados na filosofia de Platão e seus sucessores (especialmente Plotino e Porfírio). Essenciais para essa filosofia são as Ideias ou Formas Platônicas, essências eternas que existem independentemente do mundo físico. Números fornecem os melhores exemplos de Ideias Platônicas. O número 3, por exemplo, está fora do espaço e do tempo. Ele não surgiu em algum momento e existia antes que alguém pensasse nele. Nunca deixará de existir, mesmo que não haja ninguém para pensar nele, mesmo que não haja mais três de qualquer coisa física em existência. Se você puder entender isso, poderá começar a compreender as Ideias Platônicas. Além disso, se você entender o que são os números 1, 2 e 3, também perceberá que 2 + 1 deve ser igual a 3. Você não precisa observar nada no mundo físico para confirmar isso, e isso não pode ser desmentido. Além disso, tal fato não se tornou verdade em algum momento do passado, nem pode deixar de ser verdade; é uma verdade eterna.

As Ideias Platônicas são importantes porque, segundo os platônicos, os deuses mais elevados *são* Ideias Platônicas. Portanto, eles são eternos e imateriais, ou seja, fora do tempo e do espaço. Pletão mostra que há várias categorias de divindades com propriedades diferentes. O mais elevado de todos é Zeus, o princípio unitário supremo, pelo qual qualquer coisa (incluindo os deuses) torna-se alguma coisa. Portanto, ele também é chamado de O Uno e O Ser. Zeus é a causa eterna de 22 deuses supercelestiais, que são Ideias Platônicas fora do tempo e do espaço. Eles são as causas de aspectos importantes de nosso mundo, incluindo forma e

matéria, identidade e diferença, movimento e repouso, os vários tipos de almas imortais, os quatro elementos, animais e plantas, e assim por diante. Os deuses supercelestiais são divididos em duas categorias: os Olímpicos, que são as causas de seres eternos, e os Titãs ou Tártaros, que são as causas de seres mortais.

Especificamente, os Olímpicos emanam os deuses celestiais – os deuses dos céus – que existem no espaço e no tempo, mas são eternos (imortais). Eles se manifestam como corpos celestes visíveis: as estrelas e os sete planetas tradicionais. Os Olímpicos também emanam os *daimons*, que habitam a Terra e realizam as intenções dos deuses. Pletão destaca que todos os *daimons* são bons, pois são, em última instância, emanações de Zeus, que é O Bem, de acordo com Platão. Os Titãs, que são inferiores aos Olímpicos em poder, produzem as plantas e animais mortais que povoam nosso mundo. Em resumo, as ordens dos deuses são as seguintes:

1. Zeus
2. Os 22 deuses supercelestiais
    a. Os deuses Olímpicos (Poseidon, Hera, Apolo, Ártemis, Plutão etc.)
    b. Os deuses Titãs ou Tártaros (Cronos, Afrodite, Perséfone etc.)
3. Os deuses celestiais (estrelas, Hélio, Selene etc.)
4. Os *daimons*

Nós, seres humanos, ocupamos uma posição única nesse sistema, pois Pletão explica que somos uma criação conjunta dos Olímpicos e dos Titãs. Em particular, o deus olímpico Plutão é a causa de nossa alma imortal, e sua esposa, a Titã Perséfone ou Kore, cria nosso corpo mortal (e as partes mortais da nossa alma). Portanto, temos uma função única e importante: unir as partes imortais e mortais da existência. Portanto, ele explica, devemos reencarnar regularmente para manter a unidade da existência.

Ritual de Adoração Tríplice

Aqui está um ritual simples que você pode fazer. É chamado de Adoração Tríplice, e Pletão o inclui no início de cada serviço religioso.

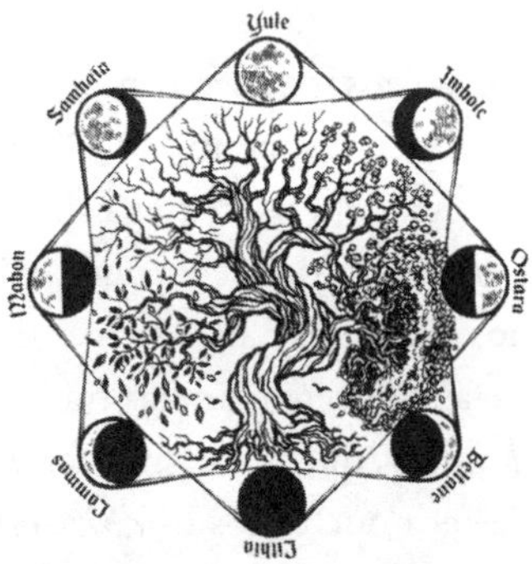

1. Ajoelhe-se com os dois joelhos e levante o rosto, os braços e as palmas em direção ao céu. Ore aos deuses olímpicos: *Oh deuses, que sejam propícios!* (ou sejam gentis etc.).
2. Ajoelhe-se apenas sobre o joelho direito e coloque a mão direita na terra para reconhecer esses deuses.
3. Ajoelhe-se novamente com os dois joelhos, levante o rosto, os braços e as palmas, e ore a todos os outros deuses e *daimons*: *Oh deuses, que sejam propícios!*

4. Ajoelhe-se apenas sobre o joelho esquerdo e toque a mão esquerda na terra para reconhecer esses deuses.
5. Ajoelhe-se novamente com ambos os joelhos. Levante o rosto, os braços e as palmas para o céu e ore: *Rei Zeus, que seja propício!* Em seguida, coloque ambas as mãos na terra e incline-se para tocar a testa na terra.
6. Repita essa adoração a Zeus (passo 5) mais duas vezes.

É claro que, se tiver dificuldade em ajoelhar-se ou curvar-se, faça o que for seguro e confortável para você; Pletão diz isso ele mesmo! A Adoração Tríplice fazia parte dos serviços de adoração matinal, vespertina e noturna recomendados por Pletão, mas se três vezes por dia for demais, uma vez por dia será suficiente.

Observações Finais

Ensinei a você um ritual simples para adorar os deuses gregos conforme ensinado por Pletão. Há muito mais em sua religião filosófica, que é bastante moderna, apesar de ter seiscentos anos, e pode nos ajudar a entender melhor os deuses de hoje. Espero que você ache a abordagem filosófica de Pletão para adorar os deuses gregos tão interessante e valiosa quanto eu.

— Extraído e adaptado de "Rites from a Secret Pagan Religion", do dr. John Opsopaus, *Llewellyn's Magical Almanac.*

Trabalho Mágico com a Sombra

O imaginário de uma Bruxa é um de seus maiores recursos. Ele é tão ilimitado quanto o próprio universo. Honramos nosso poder ao aprimorar nossas habilidades e dons mágicos. Não importa as circunstâncias externas. Podemos estar oprimidas e reprimidas, e as probabilidades podem estar contra nós. A Bruxa está sempre pronta para fazer magia, pois essa magia já existe dentro dela.

As Bruxas caminham entre os mundos. Cultivamos um caminho único enquanto cuidamos dos talentos da nossa alma. O trabalho da Bruxaria nos chama a navegar no mundo externo, assim como no santuário interior do eu, da psique e do corpo, como um canal vibrante de poder. Isso é o que alimenta nossa essência sobrenatural.

O trabalho com a Sombra libera uma energia poderosa. Exige uma profunda exploração da alma nos vales misteriosos, muito abaixo da superfície da psique. Imagine afundar nas profundezas para descobrir um vale com platôs, cavernas e correntes subterrâneas. Ali dentro dessas cavernas, você descobre onde armazenou todas as coisas esquecidas e ocultas.

Se você pudesse observar esperanças, sonhos e desejos guardados, o que veria? Observaria a si mesma sendo amada, acarinhada e adorada antes de alguém dizer que você não merecia todo esse amor? Veria a si mesma dançando antes de decidir que não era boa o bastante para seguir a carreira de bailarina? Será que se encontraria irradiando poder antes que ele fosse reprimido dentro de você? A Sombra é o depósito onde colocamos tudo o que reprimimos ou não queremos reconhecer em nós mesmas. Isso inclui comportamentos ruins que preferiríamos ignorar e justificar. O trabalho com a Sombra não é um território onde "tudo é permitido". É um exame cuidadoso do que está reprimido dentro do seu eu. A Sombra contém qualidades boas, talentos reprimidos e potenciais. Esse trabalho rasga o véu que nos impede de ver e honrar o nosso verdadeiro eu.

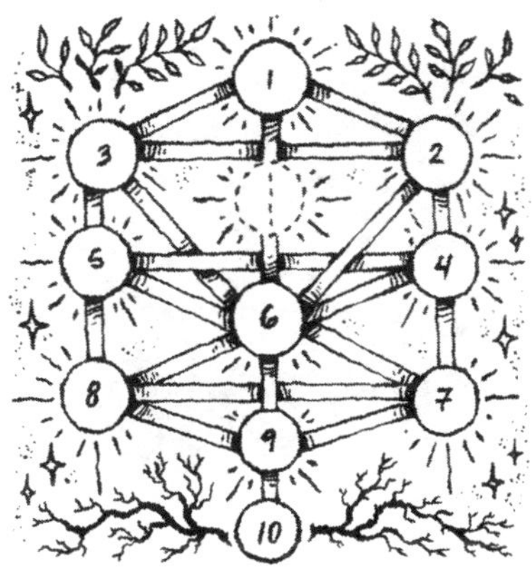

O axioma ocultista "Assim em cima, como embaixo" afirma que o que é verdade para o mundo é verdade para você. O que é verdade para você é verdade para o mundo. Compreenda isso num nível simples lembrando que o mundo parece mais alegre quando você está cheia de felicidade e contentamento. Em contraste, o mundo parece sombrio e deprimente quando você está num estado de angústia e dor.

A carta do Mago do tarô Rider-Waite-Smith nos dá uma pista visual dessa verdade notável. O Mago aponta um dedo para o céu (acima) e canaliza energia para a terra (abaixo). Pessoas más sentiriam a necessidade de prejudicar os outros se experimentassem uma profunda sensação de felicidade? O que sentimos por dentro é o que projetamos para fora. Nenhum ato é insignificante. Curamos o mundo quando nos curamos. Esse é o cerne do trabalho com a Sombra.

A carta do Diabo no tarô é o sinistro guardião que aprisiona seu poder a sete chaves. O poder da carta do Diabo vem da necessidade interior de controlar o eu e os outros. Quanto mais uma pessoa está fora de sintonia com o seu eu autêntico (simbolizado pela carta da Papisa), mais forte se torna o poder do Diabo. Explorar essa carta libertará as amarras que você colocou involuntariamente em si mesma.

Explorar a Sombra com o tarô a ajuda a liberar esse poder. Transforma a energia que você estava usando contra si mesma e contra os outros. A indignação se transfigura em prazer, relacionamentos negativos se afastam, um senso de paz é cultivado e o mundo se transforma.

O trabalho com a Sombra é uma operação criada por ocultistas do fim do século XIX, pertencentes à Ordem Hermética da Aurora Dourada. Trata-se do processo de projetar mental e astralmente a si mesma na Árvore da Vida Cabalística, usando o tarô e a imaginação ativa. A Árvore da Vida é um diagrama místico que expressa a maneira como uma coisa, impulso ou inteligência se move do mundo invisível para se manifestar no mundo visível. Ocultistas do século XIX colocaram o tarô cuidadosamente no topo da Árvore da Vida porque sua estrutura se alinha perfeitamente com as diferentes partes da árvore. "Pathworking" é um termo usado especificamente para navegarmos pelos caminhos da Árvore da Vida e nos guiar de um ponto A para um ponto B, enquanto subimos a árvore para obter percepção espiritual. A carta do Diabo está no caminho 26 da árvore. Esse caminho se estende entre um ponto chamado Esplendor (Hod) e um ponto chamado Beleza (Tiphereth).

Prepare-se para executar o Pathworking lendo o processo algumas vezes e respondendo a estas perguntas por escrito sobre a Sombra:

- A coisa atual que mais me incomoda e me deixa com raiva em relação a alguém (ou a um grupo de pessoas) agora é...
- Eu faço exatamente a mesma coisa que essa pessoa (ou grupo) quando...
- A coisa que eu desejo mais do que qualquer outra, mas nunca me permiti fazer, é...
- Se eu fosse verdadeiramente livre, eu faria...

Responda às perguntas rapidamente. Siga o fluxo da sua consciência, sem pensar em ortografia ou pontuação. Configure um cronômetro para escrever sem parar por três a cinco minutos. Não pare de mover a caneta. Se ficar sem ter o que dizer, escreva: "Tenho mais a dizer, tenho mais a dizer...".

O Pathworking

Prepare o corpo, o espaço e a mente. Tome um banho de chuveiro ou um banho de mar. Limpe a mente concentrando-se no som da sua respiração. Escolha um espaço tranquilo onde você não será perturbada. Vista roupas confortáveis. Feche os olhos.

Imagine um espaço chamado Hod/Esplendor. É ali que a criatividade se insere no mundo material. Visualize seu espaço criativo favorito. Como ele lhe parece? Imagine algo real que tenha criado e que antes existia apenas na sua mente. Pode ser um bolo, um bebê, um jardim ou um projeto de trabalho. Lembre-se de imaginá-lo antes de se tornar real. Como se sentiu quando você o concebeu? O que você pensava quando o imaginou? Permaneça nesse espaço de criatividade pelo tempo que achar apropriado. Considere quais novos projetos criativos você está trazendo à tona. Quando estiver pronta para avançar, uma porta fechada aparece diante de você.

Se você trabalha com um guia espiritual ou animal, pode solicitar a companhia dele antes de abrir a porta. Abra a porta e entre na carta do Diabo. Observe a carta ou, se você estiver bastante familiarizada com a imagem, traga a carta do Diabo à mente. Você consegue sentir o calor do enxofre? Ouve o crepitar do fogo? Qual é o cheiro do covil escuro? O que as figuras acorrentadas dizem ou fazem? Você interagirá com elas? Pode libertá-las de suas correntes? Que mensagem elas têm para você? Mergulhe profundamente na carta. Toque na figura do Diabo. O que você sente? Ele a assusta ou a faz rir?

Explore cada faceta da carta até que o Diabo lhe apresente uma chave. Insira essa chave no umbigo dele e ele vai murchar como um balão. Tudo desaparece e uma segunda porta aparece onde o Diabo estava. Atravesse essa porta para um espaço pulsante de liberdade, possibilidade e beleza. Esse é o ponto de Tiphereth/Beleza. Sinta-se pulsando com amor, estendendo-se como os galhos de uma árvore acima e abaixo de você. Como ele lhe parece? Como você se sente?

Encerre o Pathworking quando estiver pronta para retornar. Registre a experiência em seu diário.

O trabalho com a Sombra é um processo vitalício. Ele nunca termina, porque estamos em constante mudança e evolução. Boa sorte em sua aventura. O mundo precisa da sua magia agora mais do que nunca!

— Extraído e adaptado de "Pathworking into the Shadow", de Sasha Graham, *Llewellyn's Magical Almanac.*

Transforme Pequenos Movimentos em Grandes Mudanças

Desde criança eu tenho escoliose, ou seja, minha coluna faz uma curva em forma de C. Mas o que mais recordo é o tom categórico do meu diagnóstico: eu teria escoliose para sempre e ela só pioraria. Aparentemente, não havia nada que eu pudesse fazer a respeito. Foi só muitos anos depois que vi uma ligação direta entre essa minha realidade física e o que viria a ser minha abordagem muito desequilibrada à magia.

Vamos fazer agora um avanço rápido para os meus 30 anos. Estou extremamente desconectada do meu corpo e o trato como uma máquina para transportar minha cabeça, onde eu passo a maior parte do tempo. Sou atraída pela magia porque parece uma forma de fazer as coisas acontecerem sem fazê-las de fato. (Ah, como eu estava errada...) É também um momento em que me resignei ao "fato" de que minhas costas continuarão piorando.

Curiosamente, quanto mais obstinada e derrotista se tornava minha abordagem ao corpo físico, mais fantasiosa se tornava minha prática de magia. Por um lado, eu estava convencida de que nada que eu fizesse, fisicamente, poderia melhorar as minhas costas, enquanto, por outro lado, acreditava que a magia de alguma forma me livraria de todos os meus problemas. Quando, por fim, eu fiz uma conexão entre essa visão extremamente distorcida da vida e um padrão familiar de longa data, as coisas começaram a fazer sentido. Percebi que nunca tinham me ensinado a lidar com a frustração que eu sentia quando a vida não seguia conforme o planejado. Os adultos ao meu redor, igualmente despreparados para lidar com a frustração, logo faziam algo para que ela desaparecesse: me davam dinheiro ou uma tigela de sorvete.

Eu via a magia através dessa mesma perspectiva. Ela se tornou apenas mais uma ferramenta do meu arsenal para "fazer desaparecer o que não me agradava". Mas o que acontece quando você está lidando com algo, como seu próprio corpo, do qual você não pode escapar? Minhas costas constantemente doloridas me inspiraram primeiro a me tornar massoterapeuta, depois personal trainer e, por fim, integradora estrutural. Ao longo dessa jornada, aprendi que não há nada de estático e imutável na realidade física!

Um dos instrumentos mais importantes que adquiri ao longo do caminho é uma forma de prática física desenvolvida por Thomas Hanna, conhecida como "Somática de Hanna". Em poucas palavras, *uma prática física que utiliza movimentos lentos e intencionais para melhorar a mobilidade, reduzir a dor e liberar a tensão crônica.*

Dependendo de como usamos nosso corpo, nosso sistema nervoso aprende certos padrões: esta é a nossa memória muscular. Esses padrões podem nos ajudar a concluir uma tarefa, mas alguns o fazem às custas, por exemplo, da saúde da nossa coluna. A somática é um instrumento para reeducar o sistema nervoso, de modo que ele cultive padrões mais eficientes e funcionais, que não provoquem dor nem lesões.

Há várias maneiras pelas quais isso se relaciona com a prática da magia, mas aqui estão dois pontos importantes. O primeiro é a ligação entre o quanto de energia esses padrões inconscientes consomem e o quanto de energia nos resta para a prática da magia. Para ilustrar isso, vou usar um termo de Moshe Feldenkrais, que influenciou a Somática de Hanna. A tensão inconsciente dos músculos que não precisam ser ativados para a tarefa em questão era chamada de "tensão parasitária" por Feldenkrais.

Esse é um termo útil, pois mostra como a tensão inconsciente e crônica pode ser perniciosa. Por exemplo, muitos de nós têm vários nódulos de tensão nos ombros. Não precisamos andar por aí com os ombros tão tensos a ponto de quase tocar as orelhas, por isso essa tensão causa um desperdício de energia. Assim, quando precisamos de energia para tirar as sacolas de compras do carro ou lançar um feitiço, temos menos disponível porque já gastamos parte dela mantendo nossos ombros nas orelhas.

A magia requer energia, e embora possamos terceirizar pelo menos parte dela ao evocar, por exemplo, as divindades, para nos ajudar em nossos feitiços, nossa magia é mais eficaz quando usamos a nossa própria energia. Por quê? Bem, uma das principais formas de conseguir o que queremos por meio da magia é nos transformarmos de dentro para fora, e se não estivermos usando nossa própria energia no processo, é um pouco como nos prepararmos para uma maratona pedindo a outra pessoa para fazer os treinos físicos por nós. Sem mencionar que, se nossas reservas energéticas estiverem baixas devido

à tensão parasitária, teremos que evocar mais energia ainda para compensar. Resumindo: a tensão parasitária é um dreno e pode afetar todas as áreas da nossa vida, incluindo nossa prática de magia.

Os padrões têm a ver com nossa resistência ou disposição para mudar. Lembra do que eu disse sobre a memória muscular? Podemos pensar nela como um registro do que fizemos no passado e que está influenciando o nosso presente. Se, quando criança, aprendi a manter meus ombros rígidos, quase junto às orelhas, isso significa que os movimentos dos meus ombros, hoje em dia, são limitados.

A postura física dos meus ombros rígidos foi causada por fatores emocionais e mentais também, e enquanto eles permanecem nessa posição, uma parte de mim está energeticamente presa a esse caldeirão de fatores mentais e emocionais. Como essa tensão existe num nível inconsciente, é quase impossível para mim mudar completamente os padrões mentais e emocionais associados, porque meu corpo, sem que eu perceba, vive me puxando de volta ao meu ponto de referência familiar.

Digamos que um dos meus padrões mentais e emocionais esteja ligado ao estresse relacionado ao dinheiro. Passei minha infância e adolescência vendo meus pais brigarem por causa de dinheiro, e isso contribuía para a tensão nos meus ombros. Agora, na idade adulta, percebo que estou constantemente com pouco dinheiro, então lanço um feitiço para melhorar minha situação financeira, mas não estou ciente de que meu corpo gravou parte desse padrão nos ombros. O feitiço funciona por um tempo, mas em poucos meses estou quebrada outra vez.

Se compararmos isso com minha perspectiva dividida sobre a escoliose, a mesma dinâmica está em jogo. Por um lado, estou fazendo muito pouco para mudar os aspectos tangíveis e práticos da minha situação financeira, como encarar meu orçamento de frente. Não estou sabendo deixar de lado as mudanças mais rápidas e dramáticas e passar a acreditar mais nas mudanças graduais e passo a passo. Sem mencionar que categorizei todas as ações mágicas como rápidas, enquanto a realidade física estaria relegada a mudanças lentas ou inexistentes. Aplicar a somática à minha escoliose iniciou uma mudança de paradigma, permitindo-me ver a incrível maleabilidade da matéria e o poder de deixar as coisas se desenvolverem gradativamente em minha prática mágica.

Gostaria de compartilhar dois exercícios somáticos com você, e o objetivo aqui é triplo. Primeiro, esses movimentos trazem sua consciência totalmente para o corpo, conectando o mental e o físico, um ingrediente importante para uma magia eficaz. Segundo, eles ajudam a reeducar seu sistema nervoso e liberar a tensão parasitária, o que libera energia e dissolve obstruções, o que, por sua vez, beneficia sua prática mágica. E terceiro, eles ajudam você a ver que as pequenas mudanças podem ser poderosas com o passar do tempo, o que significa que seu corpo ajudará a reforçar a consciência, tanto na magia quanto no mundo, de que mudanças progressivas podem representar transformações profundas.

Exercícios Somáticos

Deite-se no chão de costas, com os joelhos flexionados e os pés apoiados. Seus pés devem estar afastados na largura dos quadris e a uma distância confortável dos glúteos. Deixe os braços descansarem ao lado do corpo. Feche os olhos e respire lenta e profundamente, puxando o ar para o abdômen. Observe o quanto você consegue relaxar nessa posição, aliviando qualquer tensão perceptível, talvez no pescoço, nos quadris ou na parte de trás dos joelhos.

Arquear e Endireitar

Direcione sua atenção para a região lombar e a pélvis. Ao inspirar, incline aos poucos a pélvis para a frente, arqueando a parte inferior das costas e criando espaço entre ela e o chão. Em vez de simplesmente forçar a pélvis a se mover, sinta os músculos da parte inferior das costas se contraírem para criar um arco, inclinando a pélvis para a frente. Esse não precisa ser um movimento muito grande. Na expiração, de modo controlado e tão lento quanto possível (veja se consegue contar até dez), desfaça o arco na parte inferior das costas, deixando que a pélvis retorne aos poucos à posição neutra. Descanse por um instante.

Inspire e, na expiração, faça o movimento oposto: contraia e esvazie os músculos abdominais para endireitar a parte inferior das costas até ela encostar no chão, levando a pélvis para uma suave inclinação do cóccix.

Em seguida, de modo lento e controlado, libere os músculos abdominais, deixando que as costas e a pélvis voltem à posição neutra e descansem.

Repita essa sequência algumas vezes, arqueando e endireitando a parte inferior das costas, sempre fazendo uma pequena pausa para descansar. A chave é passar de um movimento para o outro de modo tão lento e controlado quanto possível. Quanto mais você praticar, mais seu sistema nervoso recuperará a consciência de como liberar e envolver essa área do seu corpo de maneira fluída, e mover-se num ritmo lento é crucial para esse processo de reeducação.

Ao incorporar essas práticas somáticas ao seu dia a dia, sempre que possível, você estabelecerá uma poderosa conexão entre a sua mente e o seu corpo, e se dará conta de que a mudança é possível. Você liberará a tensão parasitária, de modo que sua energia possa ser usada para outras finalidades, incluindo trabalhos de magia. Além disso, você criará novas vias energéticas que a apoiarão na realização de mudanças constantes, tanto mágicas quanto mundanas, e que podem levar a transformações surpreendentes!

— Extraído e adaptado de "The Magic of Somatics: Turning Small Movements into Big Change", de Melissa Tipton, *Llewellyn's Magical Almanac*.

Yoga para Dormir Bem

Yoga é uma disciplina antiga para o corpo, a mente e o espírito. Pode ser praticado de muitas maneiras e para diversos fins, individualmente ou em grupos. Hoje, existem estúdios de yoga especializados em dezenas de estilos físicos diferentes e abordagens metafísicas. Entre os propósitos mais populares para a prática do yoga em casa está a melhoria do sono. Nossa vida ocupada muitas vezes torna o sono agitado, mas todos nós precisamos dormir bem para cumprir nossas obrigações. Dos estilos mencionados antes, o yoga restaurativo é o que mais pode nos ajudar nisso. Ele é a última coisa que você vai fazer antes de dormir, ou, em alguns casos, quando já está na cama. Os asanas suaves são posturas que soltam e relaxam o corpo, às vezes com meditações que incentivam a mente a fazer o mesmo.

Asanas Relaxantes

Asanas são posturas de yoga que atuam fisicamente, alongando e relaxando os músculos. E atuam energeticamente ao alterar a orientação dos chakras no corpo em relação uns aos outros. No caso dos iniciantes, convém manter cada postura enquanto inspira e expira algumas vezes.

Existem muitos asanas diferentes, desde os mais simples até os mais desafiadores e intrincados. Para dormir, considere a ampla variedade de asanas classificados como relaxantes ou calmantes:

Joelhos no Peito: alonga a coluna e melhora a circulação sanguínea; proporciona conforto e paz. Deite-se de costas, com os pés juntos e os braços ao longo do corpo, e respire profundamente. Ao expirar, dobre os joelhos e traga-os para o peito, abraçando as pernas. Solte os músculos das costas e alongue a coluna. Ao inspirar, solte as pernas e se deite novamente.

Meia Curva para a Frente: alonga a coluna e estimula os órgãos abdominais para uma melhor digestão. Uma variação menos desafiadora utiliza uma parede como apoio. Comece a 30 cm de distância da parede, com os pés ligeiramente afastados. Incline-se para a frente e coloque as palmas das mãos na parede. Recue para endireitar a coluna. Tente manter os braços e o tronco paralelos ao chão, ajustando a postura conforme necessário. Por fim, caminhe de volta em direção à parede para se endireitar.

Postura da Criança: boa para aliviar tonturas ou ansiedade; alonga os quadris e as pernas; acalma a mente e o corpo. Sente-se num colchonete com os calcanhares tocando os glúteos, os joelhos um pouco afastados, braços ao lado do corpo, com as palmas para cima. Desça a cabeça até que a testa toque o colchonete, com os braços para trás. Seu corpo deve formar uma bola, como um feto no útero. Sinta a

respiração percorrendo as costas, alongando a coluna. Em seguida, endireite-se. Essa postura é feita, muitas vezes, em combinação com a Postura da Lebre.

Postura da Vaca: auxilia na flexibilidade da coluna e massageia os órgãos internos, melhorando a digestão; promove a circulação sanguínea e traz tranquilidade. Sustente o corpo nas mãos e nos joelhos, com as mãos na largura dos ombros e os joelhos na largura dos quadris. Ao inspirar, eleve a cabeça e o cóccix como uma vaca. Una as escápulas e curve as costas em direção ao solo para alongar a coluna. Ao expirar, abaixe a cabeça e deixe as costas planas. Essa postura é muitas vezes combinada com a Postura do Gato.

Respiração em Três Partes: desacelera a respiração, estabiliza o corpo e concentra a atenção. Sente-se numa posição confortável, com os olhos fechados, a mão esquerda sobre o umbigo, a mão direita do lado direito das costelas. Relaxe o corpo e respire naturalmente. Sinta o abdômen subir e descer conforme as costelas se expandem e se contraem. Concentre-se na respiração ao inspirar, segure brevemente, depois expire.

Postura do Crocodilo: boa para aliviar problemas pulmonares e relaxar o sistema nervoso. Deite-se de bruços, com as pernas juntas, os dedos dos pés apontando para fora. Dobre os antebraços na frente do corpo e descanse a testa neles. Respire lenta e profundamente.

Postura do Gato: boa para melhorar a flexibilidade e a digestão; alonga a coluna. Sustente o corpo nas mãos e nos joelhos, com as mãos na largura dos ombros e os joelhos na largura dos quadris. Ao expirar, incline a cabeça e os quadris para baixo, arqueando as costas como um gato irritado e abrindo as escápulas para alongar a coluna. Ao inspirar, eleve a cabeça e deixe as costas planas. Essa postura é frequentemente combinada com a Postura da Vaca.

Postura do Peixe que Bate Asas: estimula a digestão; relaxa o períneo e os nervos das pernas, aliviando dores ciáticas e outras causadas por pressão nos nervos inferiores. Deite-se de bruços, com os dedos entrelaçados sob a cabeça. Mantendo a perna direita estendida e relaxada, dobre a perna esquerda lateralmente, levando o joelho em direção ao peito. Dobre o cotovelo até tocar o joelho esquerdo e descanse o lado direito da cabeça no braço direito. Relaxe nessa posição, comum para quem dorme de lado. Depois, deite-se de costas e inverta a posição para alongar o outro lado, levando o joelho direito em direção ao peito.

Postura de Lótus: boa para aliviar cólicas menstruais e facilitar o parto; melhora a postura, alinha os chakras e desperta a consciência. Sente-se com a coluna ereta. Dobre o joelho direito e coloque o pé na coxa esquerda, com a sola para cima, bem perto do quadril. Repita com o pé esquerdo na coxa direita. Mantenha as palmas das duas mãos juntas na frente. Mantenha a coluna reta, desde a parte de trás da cabeça, e o queixo ligeiramente abaixado. Relaxe, respirando de modo lento e uniforme. Essa postura tem muitas variações. Na postura *Meio Lótus* coloca-se um só pé na coxa oposta. Na *Postura Fácil,* apenas dobre os joelhos e cruze os tornozelos. Você pode escolher entre muitas mudras (posições das mãos) também. Para fazer o mudra Gyan para o conhecimento, toque o polegar e o indicador, apoiando as costas das mãos nos joelhos. *Mudra Dyana,* para a iluminação: coloque a mão direita sobre a esquerda, com as palmas para cima, toque os polegares acima das palmas e descanse as costas das mãos no colo. *Mudra Mushti*, para processar emoções intensas: feche os punhos com os polegares sobre os dedos anelares, pressionando a parte frontal dos punhos, juntos sobre o peito.

Curva para a Frente Sentada: boa para aliviar a insônia e queixas menstruais ou típicas da menopausa; eleva o humor e acalma a mente. Sente-se no solo com as pernas estendidas juntas, dedos apontando para cima. Incline-se para a frente a fim de segurar os pés, inclinando a cabeça para tocar os joelhos. Respire e estenda as pernas. Em seguida, sente-se ereta.

Postura da Lebre: melhora a circulação e a resposta adrenal; promove a humildade; alonga a coluna e os braços. Nessa variação, ajoelhe-se com os joelhos juntos, os glúteos tocando os calcanhares, mãos ao lado do corpo. Incline-se para a frente, estendendo os braços à frente com as palmas para baixo, como as orelhas de uma lebre. Empurre o tronco para a frente e para baixo até que a testa alcance o tapete. Sinta a respiração ao longo das costas, alongando a coluna e estendendo os braços. Em seguida, endireite-se. Essa postura é muitas vezes combinada com a Postura da Criança.

Curva para a Frente em Pé: estimula os músculos abdominais e órgãos filtrantes; ajuda na insônia, problemas pulmonares e questões sinusais. Fique em pé com os pés afastados e os joelhos levemente flexionados. Expire enquanto se inclina para a frente, pressionando as mãos no chão. Inspire enquanto se endireita, trazendo os braços para os lados.

Postura das Pernas Elevadas: boa para aliviar gases ou prisão de ventre; fortalece os músculos abdominais, uterinos e lombares. Deite-se de costas com as pernas estendidas e unidas, os braços ao longo do corpo, as palmas para baixo. Mantendo as pernas na mesma posição, levante-as o máximo que puder. Segure-as por um momento, depois abaixe-as.

Postura com as Pernas para Cima na Parede: drena fluidos e melhora a circulação para aliviar pernas ou pés inchados; libera a tensão nas costas; ajuda no sono e na digestão. Deite-se num colchonete perto de uma parede e apoie os pés verticalmente contra a parede, usando as mãos para ajustar a posição. Relaxe, soltando os músculos das pernas e das costas. Para terminar, dobre os joelhos e afaste-se da parede.

Conclusão

O yoga é uma das maneiras mais eficazes de melhorar o sono. Ele ajuda em alguns problemas físicos e mentais que podem dificultar as noites bem-dormidas. Aumenta a consciência mística e o controle das energias. Mesmo que você não alcance os benefícios mentais e metafísicos nas primeiras tentativas, os benefícios físicos persistem. Experimente, e logo você encontrará o caminho para sonhos tranquilos.

— Extraído e adaptado de "Yoga for Sleep", de
Eliza-beth Barrette, *Llewellyn's Magical Almanac.*

O Cálice de Água

Magos e filósofos do mundo antigo nos presentearam com o conhecimento dos quatro elementos: o Fogo, a Água, o Ar e a Terra. Esses elementos não são simplesmente as substâncias físicas que têm os mesmos nomes, mas reinos ou divisões da natureza. Trata-se de categorias básicas da existência e de modos de ação, os blocos de construção do universo.

O elemento mágico da Água é muito mais do que sua contraparte física de matéria líquida, composta por moléculas de hidrogênio e oxigênio. Na magia, a Água é a essência do Feminino Divino, bem como o grande poço insondável e misterioso de sabedoria, contido na mente subconsciente. Em resumo, a Água simboliza o reino infinito de possibilidades, que precedem todas as formas e toda a criação. É ilimitada e imortal – as águas da criação.

A Água representa receptividade, responsividade, criatividade, fluidez, fertilidade, sustento, nutrição, transmutação, regeneração e reprodução. Ela rege o prazer, as interações sociais, as emoções e toda matéria física líquida. A direção atribuída à Água é o Oeste. Esse elemento transformador tem sido essencial na magia, embora o receptáculo que o contenha tenha assumido muitas formas ao longo do tempo.

Na Wicca e na Bruxaria, o cálice é um símbolo essencial do princípio feminino, da Grande Mãe, da receptividade e do elemento

Água. Também é usado para servir o vinho que é ritualmente abençoado e passado ao redor do círculo.

Um Cálice de Água Personalizado

O Cálice de Água é um implemento que você pode criar a partir de qualquer copo ou taça. Como será seu instrumento mágico personalizado, pode ser qualquer recipiente que você escolher – um cálice de vinho ou taça, com ou sem haste. Pode ser alto e elegante, como uma taça de champanhe, ou curto e robusto como uma taça de conhaque. O mais importante é que ele corresponda à sua concepção pessoal de energia aquosa.

Lembre-se de que a água é uma das forças mais poderosas da Terra; ela pode desgastar rochas e transformar montanhas em vales. A água deixada acidentalmente durante a noite num Cálice de Água de madeira pode rachá-lo. Além disso, Cálices de Água de madeira às vezes são pintados por dentro e por fora, e a água pode penetrar por baixo da tinta e arruinar o acabamento. Então, se pretende colocar água em seu Cálice de Água, use um copo de metal.

Depois de escolher uma taça apropriada, determine que tipo de tinta você precisa usar. Para uma taça de madeira, a tinta acrílica à base de água é a melhor opção.

Se o a sua taça for de metal, talvez você precise aplicar um primer à base de óleo antes de adicionar sua tinta à base de água, pois a tinta látex não adere bem às superfícies metálicas. Um primer em spray à base de óleo funciona bem para isso e protege contra ferrugem e descamação. Em seguida, aplique a tinta acrílica à base de água.

Escolha quaisquer símbolos e nomes de poder com que você desejar adornar seu Cálice de Água. Você pode pintar a maior parte do Cálice de azul, já que essa é a cor primária associada à Água. Também pode pintar parte do simbolismo adicional de laranja, já que o laranja é a cor complementar do azul. Cores alternativas associadas à Água incluem o

prateado, o branco-prateado, o verde-mar e o cinza. Para um cálice que inclui a triplicidade astrológica da Água, você pode incluir pétalas pintadas nas cores de Câncer (um fundo amarelo-alaranjado com o símbolo do signo num tom azul-violeta vibrante), Escorpião (uma pétala azul-esverdeada com o símbolo em laranja-avermelhado vibrante) e Peixes (uma pétala violeta-avermelhado ornamentada com amarelo-esverdeado vibrante).

Você pode adicionar o nome do anjo Chankel, que vem das letras hebraicas associadas aos três signos de Água (Cheh, Nun e Qoph) com o sufixo divino *-el*, indicando que o anjo é "de Deus".

A Água é o elemento da criatividade e da inspiração, então sinta-se à vontade para adicionar as cores e os símbolos que mais a inspiram. Adicione seu nome mágico para estabelecer uma conexão etérica entre você e seu Cálice.

Finalize as porções pintadas do Cálice pulverizando algumas camadas de verniz acrílico, tendo o cuidado de cobrir quaisquer pedras preciosas ou simbolismos delicados com fita-crepe. Uma vez que a camada final esteja completamente seca, remova delicadamente a fita. Se não quiser usar verniz, aplique algumas camadas de gel acrílico brilhante, que fica transparente depois de seco. Quando o Cálice de Água estiver concluído, estará pronto para ser consagrado.

O tempo e a energia que você dedica à criação do seu Cálice de Água lhe serão benéficos. Um recipiente consagrado dessa maneira se tornará um foco para a sua criatividade, bem como um catalisador para desenvolver suas faculdades psíquicas e ampliar sua consciência. Ele se tornará uma fonte de inspiração divina e de sabedoria, pois a Água é o espelho da natureza.

— Extraído e adaptado de "The Water Cup", de Chic e S. Tabatha Cicero, *Llewellyn's Magical Almanac*.